Marc-Yaron Popper · BAföG Praxis-Handbuch für Eltern, Schüler und Studierende

Marc-Yaron Popper, LL.M.Eur., ist seit dem Jahr 2004 als Rechtsanwalt in Karlsruhe tätig und bearbeitet schwerpunktmäßig Fälle im Ausbildungsförderungsrecht. Im Laufe des Studiums der Rechtswissenschaften an der Universität des Saarlandes gehörte er 1998/1999 dem AStA an und war dabei für die Information der Studierenden zum Thema BAföG verantwortlich. Er war zeitweise Referent des BIZ bei der Agentur für Arbeit in Saarlouis sowie in Karlsruhe für das Thema »Finanzielle Hilfen – BAföG/BAB« bzw. »BAföG – Studienfinanzierung«.
Marc-Yaron Popper ist Absolvent des Aufbaustudienganges »Europäische Integration« am Europainstitut der Universität des Saarlandes und veröffentlicht seit etwa 2005 Beiträge zum Ausbildungsförderungsrecht.

Marc-Yaron Popper

BAföG Praxis-Handbuch für Eltern, Schüler und Studierende

Ratgeber anhand von Fällen mit praktischen Tipps und den aktuellen Änderungen des 23. BAföG-Änderungsgesetzes

Satz und Layout: Buch&media GmbH, München
Umschlaggestaltung: Kay Fretwurst, Freienbrink
Herstellung u. Verlag: Books on Demand GmbH, Norderstedt
Printed in Germany
ISBN 978-3-8448-5480-0

Inhalt

ABKÜRZUNGSVERZEICHNIS

a. a. O.	am angegebenen Ort
ÄndG	Änderungsgesetz
ALG 2	Arbeitslosengeld 2
Art.	Artikel
Az.	Aktenzeichen
Bad.-Württ.	Baden-Württemberg
BAföG	Bundesausbildungsförderungsgesetz
BAföG-ÄndG	BAföG-Änderungsgesetz
BFH	Bundesfinanzhof
BGB	Bürgerliches Gesetzbuch
BGH	Bundesgerichtshof
BSG	Bundessozialgericht
BVerfG	Bundesverfassungsgericht
BVerwG	Bundesverwaltungsgericht
d.h.	das heißt
ECTS	Europäisches System zur Anrechnung von Studienleistungen
EG	Europäische Gemeinschaft
EStG	Einkommensteuergesetz
EU	Europäische Union
EWR	Europäischer Wirtschaftsraum
FamRZ	Zeitschrift für das gesamte Familienrecht
KfW	Kreditanstalt für Wiederaufbau
m. w. N.	mit weiteren Nachweisen
OVG	Oberverwaltungsgericht
p. a.	per annum, jährlich
PKW	Personenkraftwagen
Rn.	Randnummer
SGB	Sozialgesetzbuch
s. o.	siehe oben
StGB	Strafgesetzbuch
qm	Quadratmeter
v.	vom
vgl.	vergleiche
VG	Verwaltungsgericht
VGH	Verwaltungsgerichtshof

VwV	Verwaltungsvorschrift
z. B.	zum Beispiel

I. Vorwort

Dieses BAföG-Handbuch ist ein Ratgeber für Schüler und Studierende, die für ihre Ausbildung staatliche Unterstützung benötigen, Ausbildungsförderung erhalten oder in der Vergangenheit für die Ausbildung bereits in Anspruch genommen haben. Das Handbuch richtet sich aber gleichermaßen an die Eltern, da das Ausbildungsförderungsrecht mit der bürgerlich-rechtlichen Unterhaltspflicht in engem Zusammenhang steht. Denn Eltern sind grundsätzlich sogar gegenüber ihren volljährigen Kindern bis zum Abschluss einer Berufsausbildung zum Unterhalt verpflichtet, soweit es ihr Einkommen zulässt.

Das Handbuch vermittelt in Grundzügen das Ausbildungsförderungsrecht nach dem Bundesausbildungsförderungsgesetz (BAföG) und erläutert die relevanten Vorschriften in verständlicher Weise anhand von Fallbeispielen aus der Praxis des Verfassers. Die Schwerpunkte folgten aus der anwaltlichen Tätigkeit im Bereich des Ausbildungsförderungsrechts.

Die Themen Vermögensanrechnung, Datenabgleich, Rückforderungen, »BAföG-Betrug« und die Verteidigungssmöglichkeiten dagegen, sowie die Berücksichtigung von Schulden, Treuhandverbindlichkeiten, Elterndarlehen und die förderungsrechtliche Behandlung von Kraftfahrzeugen werden als Schwerpunkte behandelt und die hierzu vorhandenen aktuellen Gerichtsurteile ausführlich besprochen.

Das Handbuch berücksichtigt bereits die aktuellen

Änderungen des 23. Änderungsgesetzes zum BAföG und befindet sich daher auf dem allerneuesten Stand.

Vorab einige grundsätzliche Bemerkungen zur Ausbildungsförderung nach dem BAföG:

Schüler erhalten Ausbildungsförderung für den Besuch einer allgemeinbildenden Schule einschließlich aller Formen der beruflichen Grundbildung ab Klasse 10. Die Förderung hierfür ist in der Praxis jedoch sehr eingeschränkt, da nur solche Schüler gefördert werden, die nicht bei ihren Eltern wohnen und die Schule auch nicht von der Elternwohnung aus erreichen können.

Gefördert werden zudem Schüler von (Berufs-) Fachschulklassen und von Fach- und Fachoberschulklassen, deren Besuch eine abgeschlossene Berufsausbildung voraussetzt sowie von Abendhauptschulen, Berufsaufbauschulen, Abendrealschulen, Abendgymnasien und Schüler an Kollegs.

Nicht gefördert werden nach dem BAföG Schüler an Berufsschulen im sogenannten dualen Ausbildungssystem mit Ausbildung und Lehre.

Studierende erhalten Ausbildungsförderung für den Besuch von Universtäten und Hochschulen, Höheren Fachschulen und Akademien sowie für entsprechenden Fernunterricht, hierfür jedoch höchstens bis zur Dauer von zwölf Monaten.

Ausbildungsförderung wird grundsätzlich auch für den Besuch einer Ausbildungsstätte im Ausland gewährt, wenn diese die Ausbildung im Inland ergänzt. Inzwischen wurde der Anspruch auf Förderung einer vollständigen Ausbildung in der Europäischen Union oder in der Schweiz erweitert.

Grundsätzlich wird nur die erste berufsqualifizierende Ausbildung gefördert. Die Wahl der Ausbildung und die Wahl der Ausbildungsstätte ist dabei dem Belieben des Schülers oder Studierenden überlassen. Arbeitsmarktpolitische Erwägungen spielen bei der Gewährung von Ausbildungsförderung überhaupt keine Rolle. Der frühzeitige Wechsel der Ausbildung ist in begründeten Fällen möglich, die 23. BaföG-Änderung führt neuerdings zu Verbesserungen beim Fachrichtungswechsel, da die Anrechnung der Semester aus dem alten Studiengang auf die Förderungsdauer entfällt.

Neben dem Fachrichtungswechsel oder dem Abbruch der Ausbildung bleibt es dabei, dass Zweitausbildungen grundsätzlich nicht gefördert werden. Dies gilt nicht für Master- und Magisterstudiengänge, die auf einem Bachelor-Studium aufbauen.

Das BAföG dient zudem nicht der Graduiertenförderung für eine weitergehende wissenschaftliche Qualifikation wie Promotion oder dergleichen.

Der Verfasser ist seit dem Jahr 2004 als Rechtsanwalt in Karlsruhe tatig und schwerpunktmäßig mit Mandaten aus dem Rechtsgebiet der Ausbildungsförderung befasst. Neben der rechtsberatenden Tätigkeit vertritt Rechtsanwalt Marc-Yaron Popper die rechtlichen Interessen der Mandanten sowohl außergerichtlich gegenüber den Ämtern für Ausbildungsförderung als auch vor den Verwaltungsgerichten.

Für aktuelle Informationen zum BAföG stehen die kostenlosen Onlineangebote auf folgenden Webseiten und sozialen Netzwerken zur Verfügung:

Internetseite zum BAföG	www.bafoeg.org
BAföG Blog	bafoeghilfe.blogspot.com
Twitter	www.twitter.com / bafoeg

Fragen zum Thema BAföG beantwortet Rechtsanwalt Marc-Yaron Popper gerne persönlich. Hierfür steht die kostengünstige Servicenummer 09001-223634 auch außerhalb der üblichen Bürozeiten zur Verfügung (1,99 Euro / Minute aus dem deutschen Festnetz; abweichende Preise aus den Mobilfunknetzen).

II. Wofür Ausbildungsförderung geleistet wird

1. Schüler und Studierende

Nach dem Bundesausbildungsförderungsgesetz werden Schüler auf dem ersten und auf dem zweiten Bildungsweg gefördert genauso wie Studierende an Universitäten und Fachhochschulen. Schüler an Gymnasien, Haupt- und Realschulen sowie Schüler von Fachschulen und Fachoberschulen müssen beachten, dass Ausbildungsförderung nur geleistet wird, wenn man nicht mehr bei den Eltern wohnt *und* von der Wohnung der Eltern aus eine entsprechende Schule nicht erreichbar ist oder der Besuch der Schule am Wohnort der Eltern dem Schüler aus schwerwiegenden Gründen nicht zumutbar ist. Die Schule gilt als erreichbar vom Wohnort der Eltern, wenn eine durchschnittliche Wegzeit für Hin- und Rückweg von insgesamt zwei Stunden nicht überschritten wird.

Schülerförderung erhält auch, wer einen eigenen Haushalt führt und verheiratet ist oder war oder mit einem Kind zusammenlebt.

2. Fernunterricht

Als Fernunterricht werden Lehrgänge gefördert, die von den Zugangsvoraussetzungen und vom Abschluss mit den anderen Schulen, Gymnasien oder Hochschulen vergleichbar und zugelassen sind oder von einem öffentlich-rechlichen Träger veranstaltet werden. Zu beachten ist dabei, dass längstens nur die letzten zwölf Monate bis zum Abschluss der Ausbildung gefördert werden. Dabei ist weitere Voraussetzung, dass der Fernlehrgang den Auszubildenden für die Dauer von mindestens drei Monaten voll in Anspruch nimmt, sodass eine Erwerbstätigkeit neben der Ausbildung nicht möglich ist.

3. Ausbildung im In- und Ausland

Ausbildungsförderung ist grundsätzlich auf den Besuch einer Ausbildungsstätte im Inland beschränkt. Das Gesetz sieht jedoch zahlreiche Möglichkeiten zur Finanzierung des Besuchs einer Ausbildungsstätte im Ausland vor.

Das Gesetz knüpft zunächst am Wohnsitz des Auszubildenden an. Wer seinen ständigen Wohnsitz im Inland hat, kann wählen, ob er eine Ausbildung in Deutschland aufnimmt und einen Teil der Ausbildung im Ausland fortführt. Der im Ausland absolvierte Teil der Ausbildung muss auf die Inlandsausbildung angerechnet werden können und mindestens sechs Monate oder ein Semester dauern oder im Rahmen einer grenzüberschreitenden Zusammenarbeit einer deutschen mit einer ausländischen Ausbildungsstätte angeboten werden.

Wird nur ein Teil der inländischen Ausbildung im Ausland fortgeführt, spielt es keine Rolle, ob der Auslandsteil in Europa oder in der übrigen Welt stattfindet. Der ausländische Teil der Ausbildung wird bis zu einem Jahr gefördert. Die Ausbildung im Ausland hat zudem den Vorteil, dass die Zeit der Auslandsförderung bis zu einem Jahr nicht auf die Förderungsdauer der Ausbildung im Inland hinzugerechnet wird. Dies ist anders, wenn der Auslandsaufenthalt in der Ausbildungs- bzw. Studienordnung als Teil der Ausbildung im Inland vorgeschrieben ist.

4. Ausbildung in Europa

Aufgrund der im vereinten Europa gewährten Freizügigkeit für Unionsbürger besteht auch die Möglichkeit, eine Ausbildung vollständig in einem Mitgliedstaat der Europäischen Union oder in der Schweiz aufzunehmen oder fortzusetzen. In jedem Fall ist Voraussetzung, dass ausreichende Sprachkenntnisse vorhanden sind und dass die Ausbildungstätte im Ausland mit einer solchen im Inland vergleichbar ist. Die Gleichwertigkeit wird im Rahmen der Bewilligung von Amts wegen geprüft. Im Zweifel ist es jedoch ratsam, hierzu einen Vorabentscheidungsantrag zu stellen.

Wer beabsichtigt, die Ausbildung im europäischen Ausland oder in der Schweiz zu absolvieren, muss eine besondere Voraussetzung beim Wohnsitz beachten. Ausbildungsförderung wird für eine Auslandsausbildung, die vollständig im EU-Ausland oder in der Schweiz stattfindet, nur unter der Voraussetzung gewährt, dass der Auszubildende seinen ständigen Wohnsitz bei Beginn der Ausbildung bereits seit drei Jahren im Inland hatte. Gleichwohl dürfte diese Regelung, wie sie sich in § 16 Abs. 3 BAföG findet, mit geltendem EU-Recht nicht zu vereinbaren sein. Die Beschränkung der Auslandsförderung durch das Wohnsitznahmeerfordernis läuft der innergemeinschaftlich gewährten Freizügigkeit zuwider. Nach dem *Vertrag über die Arbeitsweise der Europäischen Union, Art. 21 (früher EG-Vertrag, ex-Art. 18)* hat jeder Unionsbürger das Recht, sich im

Hoheitsgebiet der Mitgliedstaaten vorbehaltlich der in den Verträgen und in den Durchführungsvorschriften vorgesehenen Beschränkungen frei zu bewegen und aufzuhalten. Mit der Einführung der Mindestdauer des vorherigen Inlandsaufenthaltes als Voraussetzung für eine Förderung über die Dauer eines Jahres hinaus soll der Absicht des Gesetzgebers entsprechend vermieden werden, dass eine Förderung komplett im Ausland verbrachter Ausbildungsgänge auch Auszubildenden gewährt werden müsste, die sich selbst kaum jemals in Deutschland aufgehalten haben.

Hinzu kommt noch, dass Auslandsdeutsche, also Deutsche mit ständigem Wohnsitz im Ausland, nur dann in den Genuss der Förderung einer Ausbildung im Ausland kommen, wenn die besonderen Umstände des Einzelfalles dies rechtfertigen (vgl. §6 BAföG). Dabei soll es sich nach Auffassung der BAföG-Ämter um eine eng auszulegende Ausnahmevorschrift handeln. Wie die hierzu geltenden Verwaltungsvorschriften zeigen, soll mit dieser Ausnahmevorschrift vornehmlich den deutschen Familienangehörigen eine Förderung ermöglicht werden, deren Eltern dienstlich bzw. beruflich ins Ausland entsandt wurden. Das treffe nach Auffassung der BAföG-Ämter nur auf Botschaftsangehörige, Entwicklungshelfer oder Soldaten zu.

Diese Regelung dürfte indes genauso wie diejenige über die Mindestdauer des vorherigen Inlandsaufenthaltes mit geltendem EU-Recht nicht zu vereinbaren sein.

Fall 1: Unvereinbarkeit von § 6 BAföG mit EU-Recht

Das Verwaltungsgericht Münster hat mit Urteil vom 12.1.2010 (Aktenzeichen: 6 K 2465 / 08) entschieden, dass die Vorschrift des § 6 Satz 1 BAföG, wonach Deutschen mit ständigem Wohnsitz im Ausland Ausbildungsförderung für den Besuch einer dortigen Ausbildungsstätte nur dann geleistet werden kann, wenn die besonderen Umstände des Einzelfalles dies rechtfertigen, gegen europäisches Recht verstoße und deshalb nicht anzuwenden sei.

Dem mit seinen Eltern und Geschwistern in Frankreich lebenden Kläger wurde Ausbildungsförderung für ein Medizinstudium an einer Universität in Paris nicht gewährt und mit der Begründung abgelehnt, dass die nach dem Gesetz erforderlichen besonderen Umstände für eine Ausnahme nicht vorlägen.

Das Verwaltungsgericht Münster entschied jedoch zu Gunsten des Klägers und sprach ihm einen Anspruch auf Ausbildungsförderung im Ausland zu.

Das Erfordernis besonderer Umstände des Einzelfalls nach § 6 Satz 1 BAföG greife in das durch das EU-Recht verliehene Recht jedes Unionsbürgers ein, sich im Hoheitsgebiet der Mitgliedstaaten frei zu bewegen und aufzuhalten. Denn der Auszubildende hätte, um Ausbildungsförderung für sein Studium in Frankreich erhalten zu können, von vornherein auf einen ständigen Wohnsitz im EU-Ausland verzichten oder seinen ständigen Wohnsitz von Frankreich nach Deutschland verlegen müssen. Ein derartiges Vorgehen wäre indes für ihn mit persönlichen Unannehmlichkeiten, zusätzlichen Kosten und etwaigen Verzögerungen verbunden. Daher sei das Erfordernis besonderer Umstände des Einzelfalls geeignet, Deutsche von vornherein davon abzuhalten, sich in einen anderen EU-Mitgliedstaat zu begeben und dort einen ständigen Wohnsitz zu begründen. Außerdem sei die Beschränkung geeignet, Deutsche mit ständigem Wohnsitz in einem anderen EU-Mitgliedstaat davon abzuhalten, sich dort weiterhin aufzuhalten. Dies sei gemeinschaftsrechtlich nicht zu rechtfertigen. Nach der Rechtsprechung des Europäischen Gerichtshofs habe ein Mitgliedstaat im Rahmen seines Ausbildungsförderungssystems dafür Sorge zu tragen, dass die Modalitäten der Bewilligung dieser Förderung das Recht, sich im Hoheitsgebiet der Mitgliedstaaten frei zu bewegen und aufzuhalten, nicht ungerechtfertigt beschränkten. Ein mit dem Erfordernis besonderer Umstände des Einzelfalls in verhältnismäßiger Weise verfolgter legitimer Zweck sei jedoch nicht ersichtlich. Die Beschränkung sei weder durch das Anliegen, die öffentlichen Haushalte nicht über Gebühr zu belasten, noch durch andere Zwecke gerechtfertigt.

Nichts anderes gilt für die Unvereinbarkeit der in § 16 Abs. 3 BAföG geregelten Mindestdauer des vorherigen Inlandsaufenthaltes mit geltendem EU-Recht. Diese Vorschrift ist in gleicher Weise wie § 6 BAföG dazu geeignet, Deutsche von vornherein davon abzuhalten, sich in einen anderen EU-Mitgliedstaat zu begeben und dort einen ständigen Wohnsitz zu begründen oder sich dort weiterhin aufzuhalten.

Diese Beschränkungen sind auch nicht damit zu rechtfertigen, dass die Gewährung von Ausbildungsförderung der Begrenzung bedarf, damit Leistungen an Studierende zur Deckung des Unterhaltes nicht zu einer übermäßigen Belastung werden, die Auswirkungen auf das gesamte Niveau der Beihilfe haben könnte. Denn dieser vom Europäischen Gerichtshof grundsätzlich anerkannte Rechtfertigungsgrund für Freizügigkeitsbeschränkungen gilt im Hinblick auf die Begrenzung der Gewährung von Ausbildungsförderung nur für EU-Ausländer, von denen ein gewisser Grad an gesellschaftlicher Integration erwartet wird, bevor ihnen Sozialleistungen zuteil werden. Bei deutschen Staatsbürgern ist der Bezug zur deutschen Gesellschaft indes kein Maßstab für die Gewährung einer Sozialleistung wie Ausbildungsförderung. Im Übrigen ist nicht zu befürchten, dass die gemeinschaftsrechtskonforme Anwendung von §§6, 16 BAföG negative Auswirkungen auf das gesamte Beihilfeniveau haben könnte, da Auslandsbafög lediglich einen Anteil von weniger als 10 Prozent der gesamten Ausbildungsförderung betrifft und davon nur ein sehr geringer Teil überhaupt einen Bezug zur innergemeinschaftlichen Freizügigkeit aufweist. Ausweislich des 18. Berichts der Bundesregierung zu §35 BAföG erhielten im Jahr 2008 durchschnittlich 333.000 Studierende Ausbildungsförderung und hiervon 28.026 Auslandsbafög.

III. Wer Ausbildungsförderung erhält

1. Deutsche Staatsangehörige

In § 8 BAföG sind die persönlichen Voraussetzungen bezüglich der Staatsangehörigkeit geregelt, die vorliegen müssen, damit Ausbildungsförderung geleistet wird. Deutsche Staatsangehörige erhalten Ausbildungsförderung.

Im Weiteren werden im Gesetz die einzelnen Voraussetzungen aufgeführt, unter denen auch Ausländern Ausbildungsförderung gewährt wird.

Grundsätzlich sollen ausländische Staatsangehörige, die in Deutschland integriert sind und eine Bleibeperspektive haben, gefördert werden. Auch Flüchtlinge, die ohne Eltern als Minderjährige aus humanitären Gründen nach Deutschland gekommen und hier integriert sind, werden in die Ausbildungsförderung einbezogen.

2. Unionsbürger, EWR und Schweiz

Förderungsberechtigt sind EU-Bürger, deren Familienangehörigen und Lebenspartner, die sich seit mindestens fünf Jahren rechtmäßig in Deutschland aufhalten. Der Nachweis hierfür wird durch Vorlage der Bescheinigung über den Daueraufenthalt erbracht.

Dies gilt auch für Ehegatten und Kinder von EU-Bürgern, die gemeinschaftsrechtlich freizügigkeitsberechtigt sind oder denen diese Rechte als Kinder nur deshalb nicht zustehen, weil sie 21 Jahre oder älter sind und von ihren Eltern oder deren Ehegatten keinen Unterhalt erhalten.

BAföG-berechtigt sind ferner Unionsbürger, die vor dem Beginn der Ausbildung im Inland in einem Beschäftigungsverhältnis standen, dessen Gegenstand mit der Ausbildung in einem inhaltlichen Zusammenhang steht. Gemeint sind also Arbeitnehmer, deren Tätigkeit fachlich, d. h. branchentypisch und thematisch, mit der Ausbildung zusammenhängt.

Staatsangehörige der EWR Staaten (Norwegen, Island und Liechtenstein) sowie der Schweiz sind bei der Ausbildungsförderung Unionsbürgern gleichgestellt. Das gilt auch für deren Ehegatten und Kinder, die selbst nicht die Staatsangehörigkeit eines EWR-Staates besitzen.

3. Andere Ausländer (Nicht-EU, EWR und Schweiz)

Ausländer mit einer Daueraufenthaltserlaubnis-EG sowie solche mit einer Niederlassungserlaubnis erhalten ebenfalls Ausbildungsförderung. Hierzu gehören insbesondere türkische Staatsangehörige, die in Deutschland leben und arbeiten.

Ausbildungsförderung erhält ferner, wer sich als anerkannter Flüchtling nicht nur vorübergehend im Bundesgebiet aufhält oder heimatlos ist. Der Nachweis ist jeweils durch Vorlage des Aufenthaltstitels zu erbringen. Hierzu zählen insbesondere anerkannte Asylbewerber und jüdische Kontingentflüchtlinge aus der ehemaligen Sowjetunion.

Ausländer mit ständigem Wohnsitz im Inland und Aufenthalt aus humanitären Gründen oder wegen Familiennachzuges zu einem Deutschen sowie Ehegatten oder Kinder von Ausländern mit Niederlassungserlaubnis werden ebenfalls gefördert. Im Übrigen wird gefördert, wer eine Aufenthaltserlaubnis besitzt und sich seit mindestens vier Jahren in Deutschland ununterbrochen rechtmäßig, gestattet oder geduldet aufhält. Als Nachweis hierzu ist der eigene Aufenthaltstitel bzw. derjenige der Eltern oder des Ehegatten vorzulegen. Im Falle einer Trennung oder Scheidung behalten nicht nur die Ehegatten von Deutschen und EU-Bürgern den Förderungsanspruch, sondern auch alle anderen Auszubildenden, deren Förderungsberechtigung sich aus der Ehe ableitet.

Im Übrigen wird Ausbildungsförderung gewährt, wenn ein Ausländer vor Beginn der Ausbildung insgesamt fünf Jahre im Inland rechtmäßig erwerbstätig war oder ein Elternteil während der letzten sechs Jahre vor Beginn der Ausbildung insgesamt drei Jahre erwerbstätig gewesen ist. Von dem Erfordernis der Erwerbstätigkeit des Elternteils kann bei unverschuldeter Erwerbslosigkeit abgesehen werden, wenn der Elternteil mindestens schon sechs Monate erwerbstätig war.

IV. Alter

Wer vor dem Beginn der Ausbildung das 30. Lebensjahr vollendet hat, hat grundsätzlich keinen Anspruch auf Ausbildungsförderung. Selbst das aktuelle 23. BAföG-Änderungsgesetz sieht keine Anhebung der allgemeinen Altersgrenze vor. Zwar beabsichtigt der Gesetzgeber mit der Änderung der stärkeren Individualisierung der Ausbildungsgänge insbesondere durch zwischengeschaltete Phasen der Berufstätigkeit Rechnung zu tragen. Leider hat sich der Gesetzgeber lediglich für Master- und Magisterstudiengänge zu einer Anhebung der Altersgrenze auf 35 Jahre entschieden. Ein sachlicher Grund für diese Beschränkung ist allerdings nicht ersichtlich.

Dafür wurde die Vereinbarkeit von Familien- und Ausbildungsplanung verbessert, indem der bisher für das Hinausschieben der Altersgrenze wegen Kindererziehungszeiten notwendige Ursachenzusammenhang zwischen Kindererziehung und später Aufnahme der Ausbildung entfällt. Zu beachten ist dabei, dass dies nur für die Zeiten der Erziehung eines Kindes bis zu zehn Jahren gilt und dass dabei eine durchschnittliche wöchentliche Arbeitszeit von 30 Stunden nicht überschritten werden darf. Alleinerziehenden wird dabei die Überschreitung dieser Grenze zugestanden, wenn dadurch die Inanspruchnahme von Grundsicherung (Sozialhilfe) vermieden werden soll.

Die Altersgrenze für Zweitausbildungen ist aufgehoben worden. Gefördert wird also auch, wer trotz Überschreitens der Altersgrenze eine weitere (Zweit-)Ausbildung gemäß §7 Absatz 2 Nummer 2 oder 3 BAföG aufnimmt.

Entscheidender Zeitpunkt für das Erreichen der Altersgrenze ist der Beginn des Ausbildungsabschnitts, für den Ausbildungsförderung beantragt wird. Maßgeblich ist der Beginn des Monats, in dem der Unterricht lehrplanmäßig anfängt. Auf den Zeitpunkt der Antragstellung kommt es ebensowenig an wie auf das Alter in den einzelnen Bewilligungszeiträumen. Ein Fachwechsel nach Überschreiten der Altersgrenze ist unschädlich – solange er im Übrigen begründet ist und rechtzeitig erfolgt (Ramsauer/Stallbaum/Sternal, BAföG 2005, §10 Rn 2,3).

Die übrigen Voraussetzungen zur Förderung trotz Überschreitens der Altersgrenze bleiben unverändert. Danach erhalten Auszubildende, die auf dem zweiten Bildungsweg, aufgrund ihrer beruflichen Qualifikation ohne Hochschulzugangsberechtigung oder einer Zugangsprüfung an einer Hochschule eingeschrieben worden sind, auch nach Erreichen der Altersgrenze Förderung. Genauso Auszubildende, die aus persönlichen oder familiären Gründen, namentlich Krankheit, oder infolge einer einschneidenden Veränderung der persönlichen Verhältnisse bedürftig geworden sind, gehindert waren, eine Ausbildung rechtzeitig vor Vollendung des 30. Lebensjahres zu beginnen. In diesen Fällen muss die Ausbildung aber unverzüglich nach Erreichen der Zugangsvoraussetzungen, dem Wegfall der Hinderungsgründe oder dem Eintritt der Bedürftigkeit aufgenommen werden.

Fall 2: Berufstätigkeit ist (k)ein Hinderungsgrund

In diesem Fall wurde der Antrag auf Ausbildungsförderung mit der Begründung abgelehnt, die Antragstellerin habe bereits vor der Geburt des ersten Kindes im Oktober 2003 eine Berufstätigkeit aufgenommen. Ein Hinderungsgrund aus persönlichen oder familiären Gründen zur rechtzeitigen Aufnahme der Ausbildung vor Vollendung des 30. Lebensjahres liege daher nicht vor. Die Antragstellerin wendet ein, zuvor erwerbstätig gewesen zu sein, weil eine Unterhaltspflicht gegenüber ihrem in der Ausbildung befindlichen Ehegatten bestanden habe.

Erwerbstätigkeit zur Erfüllung einer Unterhaltsverpflichtung ist nur dann ein Hinderungsgrund, wenn die Aufgabe der Erwerbstätigkeit und damit die Einstellung der Unterhaltsleistungen nach § 170 StGB eine strafbare Verletzung der Unterhaltspflicht wäre oder aus anderen Gründen unzumutbar erscheinen muss. Dieses ist der Fall, wenn nicht lediglich ein geringfügiges Einkommen bezogen wird und anderweitige Einkünfte oder Vermögen nicht vorhanden sind.

Regelmäßig spricht jedenfalls die Ausübung einer Vollzeitbeschäftigung gegen das Vorliegen eines echten Hinderungsgrundes. Denn es dürfte sich in der Praxis schwierig gestalten darzulegen, weshalb dem Auszubildenden die Aufnahme der Berufstätigkeit, nicht aber die Aufnahme der Ausbildung zumutbar war.

V. Erstausbildung / weitere Ausbildung / Master und Magister

In den §§ 1 und 7 BAföG ist der Anspruch auf Förderung der ersten berufsqualifizierenden Ausbildung vorgesehen, die der Neigung, Eignung und Leistung des Auszubildenden entspricht und dabei die für die Ausbildung und den Lebensunterhalt erforderlichen Mittel anderweitig nicht zur Verfügung stehen. Im Rahmen dessen wird Ausbildungsförderung für die allgemeinbildende und zumindest für drei Schul- oder Studienjahre berufsbildende Ausbildung bis zu einem berufsqualifizierenden Abschluss geleistet.

Diese Regelungen bewirken, dass Auszubildenden unabhängig vom jeweiligen finanziellen Hintergrund *eine* den eigenen Neigungen und Fähigkeiten entsprechende Ausbildung ermöglicht wird. Der Gesetzgeber verfolgt damit das Ziel, die in der Bundesrepublik vorhandenen Bildungsreserven optimal zu nutzen.

Die Beschränkung des Anspruchs auf die Förderung einer einzigen Ausbildung bedeutet, dass grundsätzlich nicht mehr gefördert werden kann, wer bereits einen berufsqualifizierenden Abschluss in einer Ausbildung erworben hat, die grundsätzlich förderungsfähig gewesen wäre. Dabei ist unerheblich, ob für die vorherige Ausbildung Ausbildungsförderung geleistet wurde oder überhaupt kein Antrag gestellt worden ist. Unerheblich ist ferner, ob der Abschluss im Ausland erworben wurde, solange er dort zur Berufsausübung befähigt.

Die fehlende Anerkennung einer Auslandsausbildung im Inland und mithin die Unverwertbarkeit der im Ausland absolvierten Ausbildung auf dem deutschen Arbeitsmarkt führt grundsätzlich nicht zu einem Anspruch auf Förderung einer weiteren Ausbildung im Inland. Anderes gilt, wenn der Auszubildende nicht zwischen der Ausbildung im Inland oder im Ausland entscheiden konnte, was regelmäßig auf Flüchtlinge, Vertriebene oder Asylberechtigte zutreffen wird.

Für ausländische Ehegatten von Deutschen, welche vor der Eheschließung bereits eine dem Grunde nach förderungsfähige Ausbildung beendet haben, kommt allensfalls eine weitere Förderung nach der Härtevorschrift des §7 Abs. 2 Satz 2 BAföG in Betracht, wonach jedoch besondere Umstände vorliegen müssen. Solche sind anzunehmen, wenn die Aufnahme einer Ausbildung im Inland aus unabweisbarem Grund nicht möglich war. Nur schwerwiegende, unerwartet eingetretene Umstände, die eine Durchführung der in Ausbildung oder Beruf erforderlichen Tätigkeiten ausschließen, sind als unabweisbar anzuerkennen.

Ansonsten ist nur in den gesetzlichen Ausnahmefällen die Förderung einer einzigen weiteren Ausbildung oder eines Master- oder Magisterstudienganges möglich. Dieses betrifft zunächst die Fälle des Besuchs oder der vorangegangenen Förderung einer Fachoberschulklasse, deren Besuch eine abgeschlossene Berufsausbildung voraussetzt, der vorangegangenen Förderung einer Abendschule, Berufsaufbauschule oder eines Kollegs. Gefördert wird aber auch, wer die Zugangsvoraussetzungen zur weiter zu fördernden Ausbildung durch eine Zulassungsprüfung der Hochschule erworben hat. Gleiches gilt für die Förderung nach dem vorhergehenden Besuch einer Berufsfachschule oder Fachschulklasse, deren Besuch eine abgeschlossene Berufsausbildung nicht voraussetzt.

Das Bundesverfassungsgericht legt im Hinblick auf Master- und Magisterstudiengänge §7 Abs. 1a BAföG verfassungskonform dahin aus, dass diese Vorschrift keine abschließende Regelung sei und demzufolge Ausbildungsförderung für ein Master- bzw. Magisterstudium auch ohne vorherigen Bachelorabschluss gewährt werde. Der Grundsatz der freien Wahl des Ausbildungsganges nach Neigung, Eignung und Leistung und der Grundanspruch auf die Förderung einer Berufsausbildung im Vergleich zu anderen Studiengängen und im Vergleich zu Auszubildenden mit begüterten Eltern werde durch §7 Abs. 1a BAföG nicht eingeschränkt (BVerfG, Beschluss vom 24.4.2009 – 1 BvR 818/09).

Im Übrigen sind rechtlich erforderliche Ergänzungsausbildungen zu einem Hochschulstudium förderungsfähig sowie Ausbildungen des zweiten Bildungsweges. Allein die Promotion oder eine bloße berufliche Fortbildung erfüllen diese Voraussetzung nicht. Die Förderung erfolgt indes als verzinsliches Bankdarlehen der KfW-Bank nach §18c BAföG.

VI. Fachrichtungswechsel / Ausbildungsabbruch / Schwerpunktverlagerung

Die Fälle, in denen während der Ausbildung ein Fachrichtungswechsel vollzogen oder die Ausbildung abgebrochen wird, regelt das Gesetz in §7 Abs. 3 BAföG. Danach reicht für die Förderung einer weiteren Ausbildung nach einem Abbruch oder einem Fachrichtungswechsel ein wichtiger Grund aus, unabhängig davon, ob es sich dabei um den ersten oder um einen weiteren Fachwechsel handelt. Bei Ausbildungen an einer Hochschule, Universität, Akademie oder Höheren Fachschule gilt das allerdings nur bis zum Beginn des vierten Fachsemesters.

Wird die Ausbildung erstmals abgebrochen oder der Fachwechsel vollzogen, gilt zugunsten des Auszubildenden die gesetzliche Regelvermutung, dass ein wichtiger Grund vorgelegen habe. Bei Auszubildenden einer Hochschule, Universität, Akademie oder Höheren Fachschule gilt dies jedoch nur, wenn der Fachwechsel oder Abbruch bis zum Beginn des dritten Fachsemesters erfolgt. Im Fall des erstmaligen frühzeitigen Abbruchs bzw. Fachwechsels ist daher eine besondere Begründung entbehrlich.

Der Anspruch auf Ausbildungsförderung geht grundsätzlich bei einem Fachrichtungswechsel bzw. Abbruch nach Beginn des vierten Fachsemesters verloren. Ein oder auch mehrere rechtzeitige Fachrichtungswechsel sind bis zum Beginn des vierten Fachsemesters aber möglich. Bei diesem Zeitpunkt handelt es sich um die äußerste Grenze, bis zu welcher ein Fachwechsel oder Abbruch überhaupt zulässig ist. Denn der Wechsel oder Abbruch muss darüber hinaus stets auch rechtzeitig im engeren Sinn erfolgen, also frühstmöglich. Darunter ist unverzügliches Handeln zu verstehen. Der Fachwechsel oder Abbruch muss ohne schuldhaftes Zögern erfolgen, sobald ein wichtiger Grund vorliegt. Einem Auszubildenden gereicht es daher zum Nachteil, wenn er das Studium nach Eintritt des Neigungswandels im zweiten Semester noch ein weiteres Semester fortführt, um die Zeit bis zur Zulassung zum neuen Studienfach zu überbrücken.

Fachrichtungswechsel und Studienabbruch führen nicht zum Verlust des Förderungsanspruchs, wenn sie rechtzeitig und aus wichtigem Grund erfolgen.

Ein wichtiger Grund liegt vor bei Unzumutbarkeit der Fortführung der alten Ausbildung wegen Eignungswandel, Eignungsmangel oder einem Neigungswandel. Mangelnde körperliche, psychische oder intellektuelle Eignung oder ein schwerwiegender Neigungswandel grundsätzlicher Art können mögliche Gründe sein, die die Fortsetzung des bisherigen Studiums unzumutbar erscheinen lassen.

Die allgemeine Verschlechterung der Berufsaussichten für Absolventen des bisherigen Studienfachs ist kein wichtiger Grund.

Zu beachten ist, dass ein wichtiger Grund unbeachtlich ist, wenn er bereits vor der Aufnahme der bisherigen Ausbildung vorlag und dem Auszubildenden bekannt war.

Nach Beginn des vierten Fachsemesters sind Abbruch und Fachwechsel nur noch bei Vorliegen unabweisbarer Gründe möglich.

Als unabweisbare Gründe gelten Unfallfolgen, anerkannt wird auch der krankheitsbedingte Studienabbruch wegen z.B. Allergie, Lähmung, Erblindung. Das endgültige Nichtbestehen einer Prüfung wird indes nicht als unabweisbarer Grund anerkannt. Es handelt sich also dabei regelmäßig um unerwartete Gründe, die vom Auszubildenden nicht steuerbar sind und welche die Fortsetzung der Ausbildung oder die spätere Ausübung des angestrebten Berufs unmöglich erscheinen lassen.

Deshalb ist bei Anträgen auf Fachrichtungswechsel und insbesondere bei deren Begründung unbedingt die förderungsrechtliche Wirkung der eigenen Erklärung im Auge zu behalten. Eine unzulängliche Begründung des Fachwechsels führt außerhalb der Geltung der Regelvermutung zum Verlust des Förderungsanspruchs. Befindet sich die eigene (unzulängliche) Begründung erst einmal in der BAföG-Akte, ist deren spätere Abänderung nicht mehr ohne weiteres oder schlimmstenfalls gar nicht mehr möglich. Deshalb ist es bei einem frühzeitigen Wechsel bis zum Ende des zweiten Semesters gar nicht ratsam, eine Begründung zu schreiben, da ein falscher Sachvortrag sogar die Vermutung widerlegen kann, es liege ein wichtiger Grund für den Wechsel vor.

Nach der alten Rechtslage des 22. BAföG-ÄndG wurden die bis zum Fachwechsel oder Abbruch verbrauchten Semester auf die Förderungsdauer des neuen Studiengangs angerechnet und für die übrigen Semester Ausbildungsförderung lediglich als verzinsliches Bankdarlehen gemäß § 18 c BAföG gewährt. Das aktuelle 23. BAföG-ÄndG sieht eine bedeutende Verbesserung vor, soweit beim erstmaligen Fachrichtungswechsel oder Studienabbruch die Regelförderung mit je hälftigem

Zuschuss und zinslosem Staatsdarlehen für die gesamte Dauer der für den neuen Studiengang maßgeblichen Regelstudienzeit gewährt wird und die Förderung mit Bankdarlehen entfällt.

1. Abgrenzung Fachrichtungswechsel – Schwerpunktverlagerung

Vom Fachrichtungswechsel zu unterscheiden ist die Schwerpunktverlagerung einer Ausbildung, die jederzeit, also auch noch nach dem Beginn des vierten Fachsemesters möglich ist.

Eine Schwerpunktverlagerung ist stets anzunehmen, wenn alter und neuer Ausbildungsgang bis zum Wechsel identisch sind. Dies ist regelmäßig der Fall, wenn die bereits erbrachten Semesterleistungen vollständig auf den neuen Studiengang angerechnet werden können.

Um eine Schwerpunktverlagerung handelt es sich aber auch im Fall eines Wechsels, mit dem eine Verlängerung der Gesamtstudienzeit bis zum berufsqualifizierenden Abschluss nicht verbunden ist. Insofern ist es von Bedeutung, wenn der Auszubildende in den weiterbetriebenen Fächern erheblich über das übliche hinausgehende Studienleistungen erbracht hat, die den Rückstand im gewechselten Wissenssachgebiet aufwiegen, so dass insgesamt kein längeres Studium zu erwarten ist. Diese Prognose ist im Zeitpunkt des Wechsels zu stellen und nicht anhand der noch nicht absehbaren späteren tatsächlichen Entwicklung (Oberverwaltungsgericht Münster in FamRZ 1987, 1202).

Nicht von einer Schwerpunktverlagerung sondern von einem Fachrichtungswechsel ist stets auszugehen, wenn

Lehrplan, Studienordnung, Prüfungsordnung oder Ausbildungsziel von altem und neuem Studiengang verschieden sind und keine der beiden beschriebenen Fallgruppen gegeben ist.

2. Problem Parkstudium

Wer auf Anhieb nicht den ersehnten Studienplatz für das gewünschte Studienfach bekommt, muss häufig erst mal einige Semester auf den Studienplatz warten. Von einem Parkstudium wird gesprochen, wenn man in der Zwischenzeit ein anderes Fach studiert und danach in den urprünglich gewünschten Studiengang wechselt. Dabei stellt sich für BAföG-Empfänger zwangsläufig die Frage, ob dieser Fachwechsel aus wichtigem Grund erfolgt ist und das Wunschstudium anschließend gefördert wird.

Der Förderanspruch geht im Falle eines Parkstudiums nicht verloren, wenn die Folgeausbildung aus Kapazitätsgründen zunächst nicht möglich gewesen ist und die Folgeausbildung von Anfang an angestrebt wurde und sie ausschließlich aus rechtlichen Gründen zu einem früheren Zeitpunkt nicht aufgenommen werden konnte und ohne Unterbrechung die zur Verfügung stehenden Bewerbungsmöglichkeiten ausgeschöpft wurden und wenn der Abschluss der bisherigen Ausbildung für den Fall der Nichtzulassung zum Wunschstudium auch beabsichtigt worden wäre.

Das heißt, die bloße Überbrückung einer notwendigen Wartezeit bis zur sicheren Zulassung zum Wunschstudium ist nicht ausreichend, und es besteht anschließend kein Anspruch auf BAföG mehr. Somit ist ein erfolgreicher Fachwechsel aus dem Parkstudium nur unter den genannten zahlreichen Voraussetzungen möglich, die kumulativ vorliegen müssen. Es ist daher in solchem Fall zu empfehlen, den Fachwechsel spätestens im zweiten Fachsemester zu vollziehen, weil für diesen frühzeitigen Wechsel keine Begründung zu erfolgen braucht. Zur Begründung eines Neigungswandels beim Wechsel aus dem Parkstudium dürfte regelmäßig kein Raum bestehen, weil die Parkausbildung in Kenntnis der wahren Neigung für das Wunschstudium aufgenommen wird. Gleichwohl kann dem Auszubildenden die Fortsetzung der Parkausbildung und damit der Verzicht auf den Ausbildungsplatz im Wunschstudium nicht in jedem Fall zugemutet werden (Ramsauer / Stallbaum / Sternal, BAföG, 2005, § 7 Rn. 71).

VII. Eignung und Leistungsnachweis

Zur Gewährleistung des zügigen Betreibens der mit öffentlichen Mitteln finanzierten Ausbildung wird vom Auszubildenden vom fünften Fachsemester an ein Leistungsnachweis gefordert. Da es sich bei der Ausbildungsförderung nach dem BAföG nicht um eine Spitzenförderung handelt, wird vom Auszubildenden nur der Nachweis des üblichen von der Prüfungsordnung vorgeschriebenen Ausbildungsstandes verlangt, nicht aber besonders hervorragende Leistungen. Neben dem eher seltenen Nachweis einer bestandenen Zwischenprüfung, die vor dem vierten Fachsemester abgeschlossen worden ist, wird in den meisten Fällen im fünften Fachsemester eine Bescheinigung der Ausbildungsstätte darüber verlangt, dass der Auszubildende die bis zum Ende des jeweils erreichten Fachsemesters üblichen Leistungen erbracht hat. Der Leistungsnachweis ist vom Auszubildenden innerhalb der ersten vier Monate des folgenden Semesters zu erbringen, regelmäßig also innerhalb der ersten vier Monaten des fünften Semesters.

Die Vorlage des Leistungsnachweises kann auch noch zu einem späteren Zeitpunkt zugelassen werden, wenn tatsächliche Umstände vorliegen, die eine spätere Überschreitung der Förderungshöchstdauer rechtfertigen können. Es muss sich dabei um bedeutsame, schwerwiegende Gründe handeln, hierunter sind insbesondere Krankheitsgründe zu verstehen, die zu einer Verzögerung der Ausbildung führen. Namentlich erwähnt das

Gesetz Verzögerungen infolge ehrenamtlicher Tätigkeiten in den Gremien der Hochschulen oder Studierendenvertretungen, das erstmalige Nichtbestehen der Abschlussprüfung oder Verzögerungen infolge Behinderung, Schwangerschaft oder Erziehung eines Kindes bis zu zehn Jahren.

Das Erlernen einer weiteren Fremdsprache außer Englisch, Französisch oder Latein berechtigt ebenso zur Verlängerung des Vorlagezeitpunkts um ein Semester je Sprache.

Hinsichtlich des Vorlagezeitpunktes ist zu beachten, dass die viermonatige Frist zur Vorlage des Leistungsnachweises unter Verwendung des amtlichen Formblatts 5 im anschließenden Semester unbedingt einzuhalten ist. Denn wenn es nicht gelingt, den Nachweis fristgerecht vorzulegen, wird die Ausbildungsförderung ohne Rücksicht auf die für die Verspätung maßgeblichen Gründe vom fünften Semester an eingestellt. Auf ein Verschulden des Auszubildenden kommt es dabei nicht an. Es ist daher sehr zu empfehlen, den Leistungsnachweis frühzeitig bei der Ausbildungsstätte anzufordern, um das Fristversäumnis tunlichst zu vermeiden.

Wird der Leistungsnachweis nicht oder nicht rechtzeitig dem BAföG-Amt vorgelegt, so geht das Gesetz unwiderleglich davon aus, dass es an der erforderlichen Eignung fehlt. Der Auszubildende hat jedoch die Möglichkeit, mittels späterer Vorlage des Leistungsnachweises die Förderung vom Vorlagezeitpunkt an wieder aufzunehmen. Der Auszubildende muss in diesem Fall allerdings den üblichen Leistungsstand des dann maßgeblichen höheren Fachsemesters nachweisen (Ramsauer/Stallbaum/Sternal, BAföG, 2005, §48 Rn. 12).

Im Zuge der Gesetzesnovelle des 23. ÄndG wurde

nun zusätzlich die Möglichkeit eröffnet, den Leistungsnachweis mit Hilfe der ECTS-Leistungspunkte zu erbringen. Dabei wird einfach auf die im jeweiligen Studiengang bei planmäßigem Ablauf des Studiums üblichen Leistungspunkte nach dem Europäischen System zur Anrechnung von Studienleistungen (ECTS) Bezug genommen.

Fall 3: Rechtzeitiger Leistungsnachweis gemäß § 48 BAföG

Dem Auszubildenden wurde vorliegend die Weitergewährung von Ausbildungsförderung mit der Begründung versagt, er habe den in § 48 BAföG zum fünften Semester vorgesehenen Leistungsnachweis nicht rechtzeitig erbracht. Das Formblatt 5 habe dem BAföG-Amt erst am 12.8.2009 vorgelegen. Der Auszubildende ist der Ansicht, er habe das Formblatt 5 schon an der Hochschule abgegeben. Dort sei ihm mitgeteilt worden, dass der für die Bestätigung zuständige Professor erst am 10.8.2009 aus dem Urlaub zurückkehre. Er habe das BAföG-Amt darüber informiert und ihm sei mitgeteilt worden, dies würde nichts ausmachen. Auch könne ihm nicht zur Last gelegt werden, dass die Bearbeitung in der Hochschule urlaubsbedingt über den Ablauf der viermonatigen Frist (s. o.) hinaus gedauert habe.

Nach vorherrschender Rechtsmeinung muss sich der Auszubildende selbst um die Ausstellung des Leistungsnachweises durch die jeweilige Ausbildungsstätte kümmern. Für die Entscheidung über die Weiterförderung nach § 48 Abs. 1 Satz 1 Nr. 2 BAföG ist es unerheblich, ob der Leistungsnachweis von der Ausbildungsstätte zu Unrecht verweigert wurde oder ob sich die Ausstellung ohne Verschulden des Auszubildenden verzögert. Für das BAföG-Amt komme es allein auf die rechtzeitige Vorlage an. Es sei ferner nicht möglich, andere Beweismittel zum Nachweis der Eignung heranzuziehen. Aus dem Gesetz ergebe sich eindeutig, dass eine Leistungsbescheinigung im Sinne von § 48 Abs. 1 Satz 1 Nr. 2 BAföG nur in Form des von der Ausbildungsstätte ausgefüllten Formblatts 5 vorgelegt werden kann (Verwaltungsgericht Karlsruhe, Urteil vom 17.12.2010, Az. 5 K 615 / 10). Vorliegend habe der Kläger somit im maßgeblichen Zeitraum keine Leistungsbescheinigung vorgelegt. Der Kläger könne sich auch nicht mit Erfolg auf die Neuregelung in § 48 Abs. 1 Satz 1 Nr. 3 BAföG berufen und den Leistungsnachweis mithilfe der ECTS-Leistungspunkte erbringen. Diese Regelung sei erst mit Gesetz vom 24.10.2010 mit Wirkung ab 28.10.2010 eingeführt worden. Eine Rückwirkung für Altfälle ergebe sich aus der Gesetzesänderung nicht.

VIII. Förderungsdauer / Förderungshöchstdauer

Ausbildungsförderung wird mit dem Beginn der Ausbildung geleistet, frühestens jedoch vom Beginn des Antragsmonats an. Beginnt die Ausbildung z.B. im Oktober, so wird Ausbildungsförderung für den gesamten Monat gewährt, wenn der Antrag bis spätestens zum 31.10. gestellt wird. Formlose Antragstellung reicht hierzu aus. Ausbildungsförderung wird für die gesamte Dauer der Ausbildung geleistet, einschließlich der unterrichts- bzw. vorlesungsfreien Zeit bis zum Ende der Förderungshöchstdauer des Ausbildungsganges. Dabei gilt das Monatsprinzip, wonach die Leistung für ganze Monate erfolgt. Endet die Ausbildung somit am Monatsersten, wird Ausbildungsförderung gleichwohl bis zum Ende des Monats geleistet. Selbst bei einer Unterbrechung aufgrund Erkrankung oder Schwangerschaft wird bis zur Dauer von drei Monaten Ausbildungsförderung geleistet. Dies gilt selbst bei wiederholter Erkrankung. Bei länger andauernder Unterbrechung wird dem Auszubildenden jedoch zugemutet, sich unter Umständen rückwirkend beurlauben zu lassen. Das Gesetz sieht eine Ausnahme vom Monatsprinzip in § 20 Abs. 2 BAföG vor. Danach ist die Förderung für den Teil eines Monats zurückzubezahlen, in dem die Ausbildung schuldhaft abgebrochen worden ist.

Die Förderungshöchstdauer entspricht der Regelstudienzeit nach dem Hochschulrahmengesetz oder vergleichbaren Vorschriften. Auf die Förderungshöchstdauer sind selbst Ausbildungszeiten anzurechnen, in denen der Auszubildende keine Förderungen beantragt bzw. erhalten hat. Aus diesem Grund macht es keinen Sinn, mit der Antragstellung zu warten; die Förderungsdauer verkürzt sich gleichwohl um die ungeförderten Ausbildungszeiten.

Über die Förderungshöchstdauer hinaus kann für angemessene Zeit Ausbildungsförderung geleistet werden, wenn die hierfür erforderlichen Gründe vorliegen. Die Gründe hierfür entsprechen denjenigen, die zur späteren Vorlage des Leistungsnachweises berechtigen, worauf an dieser Stelle verwiesen wird.

IX. Förderungsarten

Ausbildungsförderung wird grundsätzlich als Zuschuss gewährt, der vom Auszubildenden nicht zurückzugewähren ist. Vollzuschuss gibt es insbesondere im Bereich der Schülerförderung sowie der Zuschläge zum Bedarf bei einer Ausbildung im Ausland. In der Mehrzahl der praktischen Fälle ist indes die sogenannte Mischförderung am bedeutsamsten. Diese ist Auszubildenden an Universitäten, Hochschulen, Höheren Fachschulen und Akademien vorbehalten. Dabei wird Ausbildungsförderung je zur Hälfte als Zuschuss und zinsloses Staatsdarlehen gewährt. Der Darlehensanteil ist dabei lediglich bis zu einem Gesamtbetrag von 10.000 Euro zurückzuzahlen.

Mit verzinslichem Bankdarlehen der Kreditanstalt für Wiederaufbau werden Zweitausbildungen gefördert und – jedenfalls bis Ende September 2010 – nach einem vollzogenen Fachrichtungswechsel die über die um die vorherige Studiendauer verkürzte Regelstudienzeit des neuen Studiengangs hinausreichenden Fachsemester sowie die Studienabschlussförderung nach Erreichen der Förderungshöchstdauer. Seit Oktober 2010 wird mit dem 23. Änderungsgesetz beim erstmaligen begründeten Fachwechsel die Förderung mit je hälftigem Zuschuss und zinslosem Darlehen für die komplette Dauer der Regelstudienzeit für den neuen Studiengang fortgesetzt. Die Förderung der nicht anrechenbaren Semester aus dem alten Studiengang mit Bankdarlehen entfällt.

Bei Überschreiten der Förderungshöchstdauer auf

grund Behinderung, Schwangerschaft oder Kindererziehung wird für diese Zeit Ausbildungsförderung als Vollzuschuss geleistet. In den übrigen Fällen des Überschreitens der Förderungshöchstdauer bleibt es aber bei der für Studierende geltenden Mischförderung, soweit die zeitliche Verzögerung begründet und angemessen ist, vgl. § 15 Abs. 3 Nr. 1, 3 und 4 BAföG.

1. Förderung nach Überschreiten der Höchstdauer und Studienabschlusshilfe

Neben der soeben geschilderten Möglichkeit, Ausbildungsförderung über die Förderungshöchstdauer zu beanspruchen, gibt es auch noch die Studienabschlusshilfe nach § 15 Abs. 3 a BAföG. Studierende erhalten Hilfe zum Studienabschluss, wenn sie spätestens innerhalb von vier Semestern nach dem Überschreiten der Förderungshöchstdauer zur Abschlussprüfung zugelassen worden sind und die Ausbildung innerhalb der Abschlusshilfedauer von maximal zwölf Monaten abgeschlossen werden kann. Die Hilfe zum Studienabschluss wird als verzinsliches Bankdarlehen geleistet.

Der Auszubildende kann wählen, ob er die Förderung über die Höchstdauer hinaus nach Absatz 3 beansprucht oder Hilfe zum Studienabschluss nach Abs. 3 a geltend macht, falls die jeweiligen Voraussetzungen kumulativ vorliegen sollten. Zu beachten ist dabei allerdings, dass nach Inanspruchnahme der Studienabschlusshilfe eine Förderung nach Überschreiten der Förderungshöchstdauer ausgeschlossen ist, selbst wenn die Gründe für die Überschreitung der Förderungshöchstdauer erst während des Bezugs von Studienabschlusshilfe aufgetreten sind (Ramsauer/Stallbaum/Sternal, BAföG, 2005, § 15

Rn. 12). Diese Fallgestaltung ist bedeutsam, weil Hilfe zum Studienabschluss bloß als verzinsliches Bankdarlehen gewährt wird, während die Förderung nach § 15 Abs. 3 BAföG je zur Hälfte als Zuschuss und zinsloses Darlehen geleistet wird bzw. bei Überschreiten wegen Behinderung, Schwangerschaft oder Kindererziehung sogar in vollem Umfang bezuschusst wird.

2. Darlehensrückzahlung

Die Rückzahlung des zinslosen Darlehensanteils beginnt fünf Jahre nach dem Ende der Förderungshöchstdauer. Wird der festgesetzte Zahlungstermin um 45 Tage überschritten ist das Darlehen mit 6 Prozent Zinsen p. a. von der jeweiligen Darlehensschuld zu verzinsen und nicht lediglich von der nicht rechtzeitig bezahlten Rate. Diese Regelung ist verfassungsgemäß. Zur Vermeidung von Zinszahlungen sollte daher rechtzeitig Freistellungsantrag nach § 18a BAföG oder ein Stundungsantrag beim Bundesverwaltungsamt gestellt werden.

Das Darlehen kann auch vorzeitig getilgt werden. Hierfür wird ein Nachlass auf die Restschuld gewährt, welcher sich im Einzelnen aus der Darlehensverordnung ergibt.

Ferner sieht das BAföG in der Teilerlassverordnung einen leistungsabhängigen Teilerlass vor. Wegen des hohen bürokratischen Aufwandes wurden aber mit der 23. BAföG-Änderung die Darlehensteilerlasse für die Prüfungsbesten und für diejenigen, die vor Ablauf der Regelstudienzeit ihr Studium beenden, abgeschafft. Für BAföG-Empfänger, die bereits im Studium stehen gibt es eine Übergangszeit zur Beendigung der Ausbildung bis zum 31.12.2012.

X. Bedarf, Förderungsumfang und Studiengebühren

Ausbildungsförderung wird im Umfang des Bedarfs des Auszubildenden für Ausbildung und Lebensunterhalt geleistet. Beim Bedarf unterscheidet das Gesetz zwischen Schülern und Studierenden. Die Bedarfssätze ergeben sich im Einzelnen aus den jeweils geltenden Sätzen für Schüler und Studierende zuzüglich Erhöhungen und Zuschlägen.

Die monatlichen Sätze für Schüler betragen gemäß § 12 BAföG derzeit – je nach Art der zur Ausbildung besuchten Schule – zwischen 216 Euro und 543 Euro. Hinzu kommen bei einem Schulbesuch von Gymnasien oder Berufsfachschulen im Ausland Reisekosten bis zu 500 Euro innerhalb eines Schuljahres.

Der monatliche Bedarf von Auszubildenden in Abendgymnasien, Kollegs oder Fachschulklassen mit vorausgesetzter abgeschlossener Berufsausbildung beträgt 348 Euro, derjenige von Studierenden 373 Euro. Die Bedarfe erhöhen sich für die Unterkunft, wenn der Auszubildende bei seinen Eltern wohnt um monatlich 49 Euro, wohnt er nicht bei seinen Eltern erhöht sich der Monatsbedarf um 224 Euro. Das Gesetz sieht ausdrücklich vor, dass ein Auszubildender auch dann bei seinen Eltern wohnt, wenn die Eltern Eigentümer der Wohnung sind.

Auszubildende mit Kindern unter zehn Jahren erhalten eine Erhöhung von monatlich 113 Euro für das erste und 85 Euro für jedes weitere Kind (unter zehn Jahren).

Für das Studium im nicht europäischen Ausland werden spezifische Landeszuschläge gemäß Auslandszuschlagsverordnung geleistet, Reisekosten für Hin- und Rückreise zum Ausbildungsort von jeweils 250 Euro innerhalb Europas, sonst jeweils 500 Euro und Studiengebühren für das Auslandsstudium längstens für ein Jahr bis zu 4.600 Euro.

Zu dem Bedarf wird noch ein Kranken- und Pflegeversicherungszuschlag von monatlich 62 Euro geleistet für Auszubildende, die ausschließlich beitragspflichtig versichert sind, auch als freiwilliges Mitglied einer gesetzlichen Krankenversicherung. Für die soziale oder private Pflegeversicherung erhöht sich der Bedarf um monatlich weitere 11 Euro.

Daneben sieht das Gesetz auch noch Zusatzleistungen in Härtefällen nach der Härteverordnung vor, die jedoch lediglich die Kosten bei einer Internatsunterbringung sowie das Schulgeld betreffen.

Mit dem 23. BAföG-Änderungsgesetz wurden die Bedarfssätze um 2 Prozent angehoben, die Freibeträge vom Einkommen der Eltern und des Ehegatten bei der Leistungsgewährung um 3 Prozent. Die Freibeträge vom Einkommen und Vermögen des Auszubildenden sind allerdings nicht angehoben worden. Zur Höhe der Anhebungen wird im Einzelnen auf die Tabelle *Synopse* am Ende dieses Abschnitts Bezug genommen.

An vielen privaten sowie öffentlichen Hochschulen werden inzwischen allgemeine Studiengebühren erhoben, nicht bloß für Langzeitstudierende. Der Bedarf bei der Inlandsausbildung erhöht sich aber nicht um die vom Auszubildenden aufzubringende Studiengebühr.

Die Erhebung von Studiengebühren an privaten

Hochschulen kann jedoch im Einzelfall einen zusätzlichen Härtefreibetrag zum Einkommen des Auszubildenden rechtfertigen. Der Härteantrag ist gemäß § 25 Abs. 6 BAföG vor dem Ende des jeweiligen Bewilligungszeitraums zu stellen. Im Unterschied zu privaten werden für Studiengebühren an öffentlichen Hochschulen und Universitäten zinsgünstige Finanzierungsdarlehen der Länder zur Verfügung gestellt. Dem Studierenden ist allerdings nach herrschender obergerichtlicher Rechtsprechung ohne Weiteres zumutbar, zur Deckung der Studiengebühren die dafür vorgesehen Studiendarlehen in Anspruch zu nehmen. Im Ergebnis wird also Studierenden an öffentlichen Hochschulen, die Studiengebühren bezahlen müssen, kein zusätzlicher Härtefreibetrag zum Einkommen gewährt. Dieser Unterschied zu Studierenden an privaten Hochschulen ist nicht als eine ungerechtfertigte Ungleichbehandlung anzusehen, solange für öffentliche Studiengebühren zumutbare Studiendarlehen gewährt werden.

Ausbildungsstätte	Wohnort	§§	22. ÄndG / bis 15.10. 2010	23. ÄndG / seit 15.10. 2010
Bedarfssätze				
Berufsfachschulen und Fachschulklassen (ohne abgeschlossene Berufsausbildung)	zu Hause	§ 12 I Nr. 1	212,00 €	216,00 €
Abendhauptschulen, Abendrealschulen, Berufsaufbauschulen, Fachoberschulklassen (mit abg. Berufsausbildung)	zu Hause	§ 12 I Nr. 2	383,00 €	391,00 €
Weiterführende allgemeinbildende Schulen, Berufsfachschulen, Fach- und Fachoberschulklassen (ohne abg. Berufsausbildung)	notwendige auswärtige Unterbringung	§ 12 II Nr. 1	383,00 €	465,00 €
Abendhauptschulen, Abendrealschulen, Berufsaufbauschulen, Fachoberschulklassen (mit abg. Berufsausbildung)	auswärtige Unterbringung	§ 12 II Nr. 2	459,00 €	543,00 €
Fachschulklassen (mit abg. Berufsausbildung) Abendgymnasien, Kollegs	zu Hause			
	Grundbedarf	§ 13 I Nr. 1	341,00 €	348,00 €
	Wohnpauschale	§ 13 II Nr. 1	48,00 €	49,00 €
	auswärtige Unterbringung			
	Grundbedarf	§ 13 I Nr. 1	341,00 €	348,00 €
	Wohnpauschale	§ 13 II Nr. 2	146,00 €	224,00 €
Höhere Fachschulen, Akademien, Hochschulen, Universitäten	zu Hause			
	Grundbedarf	§ 13 I Nr. 2	366,00 €	373,00 €
	Wohnpauschale	§ 13 II Nr. 1	48,00 €	49,00 €
	auswärtige Unterbringung			
	Grundbedarf	§ 13 I Nr. 2	366,00 €	373,00 €
	Wohnpauschale	§ 13 II Nr. 2	146,00 €	224,00 €
Krankenversicherungszuschlag		§ 13a	54,00 €	62,00 €
Pflegeversicherungszuschlag		§ 13a	10,00 €	11,00 €
Wohnzuschlag (nachweisabhängig)		§ 12 III und § 13 III	72,00 €	entfällt

Ausbildungsstätte	Wohnort	§§	22. ÄndG / bis 15.10. 2010	23. ÄndG / seit 15.10. 2010
Freibeträge vom Einkommen der Eltern und des Ehegatten				
Grundfreibetrag vom Elterneinkommen (verheiratet und nicht dauernd getrennt lebend)		§ 25 I Nr. 1	1.555,00 €	1.605,00 €
Grundfreibetrag für alleinstehende Elternteile und den Ehegatten des Auszubildenden		§ 25 I Nr. 2	1.040,00 €	1.070,00 €
Freibetrag für Ehegatten, der nicht in Eltern-Kind-Beziehung zum Auszubildenden steht		§ 25 III Nr. 1	520,00 €	535,00 €
Freibetrag für Kinder und weitere Unterhaltsberechtigte		§ 25 III Nr. 2	470,00 €	485,00 €
Freibetrag des Auszubildenden selbst				
Freibetrag vom Einkommen des Auszubildenden		§ 23 I Nr. 1	255,00 €	255,00 €
Freibetrag für den Ehegatten des Auszubildenden		§ 23 I Nr. 2	520,00 €	535,00 €
Freibetrag für jedes Kind des Auszubildenden		§ 23 I Nr. 3	470,00 €	485,00 €
Freibetrag von der Waisenrente				
bei Bedarf nach § 12 Nr. 1		§ 23 IV Nr. 1	165,00 €	170,00 €
bei Bedarf nach den übrigen Regelungen		§ 23 IV Nr. 1	120,00 €	125,00 €
Freibetrag während der Darlehensrückzahlung				
Freibetrag vom Einkommen des Darlehensnehmers		§ 18a I Satz 1	1.040,00 €	1.070,00 €
Freibetrag für Ehegatten des Darlehensnehmers		§ 18a I Satz 2 Nr. 1	520,00 €	535,00 €
Freibetrag für Kinder des Darlehensnehmers		§ 18a I Satz 2 Nr. 2	470,00 €	485,00 €

XI. Ermittlung und Anrechnung des Einkommens, Aktualisierungsantrag

Häufig ist bereits die Ermittlung der Höhe des zugrunde zu legenden Einkommens rechtlich schwierig und daher Gegenstand von Streitigkeiten mit den BAföG-Ämtern. Der Einkommensbegriff des BAföG ist in § 21 abschließend geregelt. Danach wird unter Einkommen die Summe aller positiven Einkünfte im Sinne des § 2 Abs. 1 und Abs. 2 des Einkommensteuergesetzes (EStG) verstanden. Davon sind abzugsfähig die Einkommens- und Kirchensteuer, der Altersentlastungsbetrag, Sonderausgaben für ein selbst genutztes Einfamilienhaus oder eine Eigentumswohnung nach § 10e und § 10i des EStG. Hinzu kommen die Pflichtbeiträge zur Sozialversicherung sowie freiwillige Aufwendungen zur Sozialversicherung, zur privaten Kranken-, Pflege-, Unfall-, und Lebensversicherung in einem angemessenen Umfang.

Das Gesetz sieht hierfür pauschale Sätze zur Abgeltung dieser Abzüge vor. Praktische Schwierigkeiten bereitet häufig die vom Gesetz vorgenommene Einordnung der Einkommensbezieher in vier Personengruppen (Gruppen 1–4) zur Bestimmung der Pauschalabzüge vom Einkommen.

Danach können vom Einkommen rentenversicherungspflichtiger Arbeitnehmer und Auszubildender 21,3 Prozent von der Summe der positiven Einkünfte abgesetzt werden, jährlich höchstens jedoch bis zu 12.100 Euro.

Beamte, Richter und Berufssoldaten sowie erwerbstätige Empfänger von Renten- oder Versorgungsbezügen im Ruhestandsalter können 14,4 Prozent absetzen, bis zu 6.300 Euro jährlich.

Selbstständige, sowie Arbeitnehmer, die auf Antrag von der Versicherungspflicht befreit sind und geringfügig Beschäftigte können 37,3 % absetzen bis zu einem Betrag von 20.900 Euro jährlich. Dieser Pauschalbetrag gilt auch für erwerbstätige Versorgungsempfänger, die das Pensionsalter noch nocht erreicht haben.

Für Nichterwerbstätige und Ruheständler sind 14,4 Prozent absetzbar, höchstens jedoch ein Betrag von jährlich 6.300 Euro. Zu dieser Personengruppe gehören auch Einkommensbezieher, die nur Einkünfte aus Vermietung und Verpachtung und aus Kapitalvermögen haben.

Aufgrund des pauschalen Abzuges ist es ohne Bedeutung, welche Beträge tatsächlich aufgewendet werden. Jeder Einkommensbezieher kann für ein und denselben Berechnungszeitraum nur einer der vier Gruppen zugeordnet werden. Die Zuordnung des Einkommensbeziehers zu einer vorhergehenden Gruppe schließt die Zuordnung zu einer der nachfolgenden Gruppen aus. Erfüllt ein Einkommensbezieher in verschiedenen Teilabschnitten eines Berechnungszeitraums die Voraussetzungen für die Zuordnung zu unterschiedlichen Gruppen, so ist er für den gesamten Zeitraum der Gruppe mit der niedrigeren Nummer zuzuordnen (Ramsauer/Stallbaum/Sternal, BAföG 2005, §21 Rn. 18).

Das bedeutet, dass Selbstständige, die zusätzlich Einkünfte aus einer nicht nur geringfügigen nicht selbstständigen Beschäftigung erzielen, zwingend der ersten Gruppe zuzuordnen sind und daher lediglich 21,3 % – höchstens 12.100 Euro im Jahr – absetzen können und nicht den höchsten Pauschalbetrag von 37,3 Prozent bzw. bis zu 20.900 Euro jährlich.

Bei der Anrechnung des Einkommens der Eltern und des Ehegatten des Auszubildenden sind gemäß § 24 die Einkommensverhältnisse im vorletzten Kalenderjahr vor Beginn des Bewilligungszeitraums zu berücksichtigen. Liegt der Einkommensteuerbescheid des vorletzten Kalenderjahres bei Antragsstellung noch nicht vor, so entscheidet das BAföG-Amt unter Berücksichtigung der glaubhaft gemachten Einkommensverhältnisse über den Antrag. Dabei wird Ausbildungsförderung insoweit unter dem Vorbehalt der Rückforderung geleistet und zu viel gezahlte Ausbildungsförderung zurückgefordert, wenn sich später herausstellt, dass das tatsächliche Einkommen höher war als angenommen.

In denjenigen Fällen, in denen von vornherein absehbar ist, dass das tatsächliche Einkommen im Bewilligungszeitraum wesentlich niedriger sein wird als das Einkommen im vorletzten Kalenderjahr, sieht das Gesetz für den Auszubildenden die Möglichkeit vor, einen Aktualisierungsantrag zu stellen.

Auf besonderen Antrag – und nur auf Antrag – des Auszubildenden hin, wird in diesem Fall die Berechnung auf der Grundlage der aktuellen Einkommensverhältnisse im Bewilligungszeitraum vorgenommen.

Der Antrag ist innerhalb des Bewilligungszeitraumes zu stellen; eine nachträgliche Antragsstellung ist *nicht* möglich.

Das BAföG-Amt nimmt bei der Berechnung des aktuellen Einkommens keine Günstigkeitsprüfung vor, sodass infolge einer Aktualisierung im Ergebnis durchaus auch ein geringerer Förderungsbetrag bewilligt wird, falls das aktualisierte Einkommen im Bewilligungszeitraum höher ist, als vom Auszubildenden irrtümlich bei Antragstellung angenommen oder falls es das Einkommen des vorletzten Kalenderjahres sogar übersteigen sollte, selbst wenn der Einkommenszuwachs nicht vorhersehbar gewesen ist.

In solchen Fällen kann eine Rückforderung dann allenfalls noch abgewendet werden, wenn ein zusätzlicher Härtefreibetrag gewährt wird, was aber nur auf besonderen Antrag hin, der zudem noch vor dem Ende des Bewilligungszeitraumes zu stellen ist, erfolgen kann.

Somit ist festzuhalten, dass ein Aktualisierungsantrag bereits im Vorfeld wohlüberlegt sein sollte.

Bei der Anrechnung des Auszubildendeneinkommens sind immer die Einkommensverhältnisse im aktuellen Bewilligungszeitraum maßgebend. Der Freibetrag für den Auszubildenden selbst beläuft sich je nach Art der Ausbildungsstätte auf 112 Euro bis zu 255 Euro beim Besuch von Hochschulen, Akademien, Kollegs und Abendgymnasien. Für den Ehegatten des Auszubildenden wird ein weiterer Freibetrag von 520 Euro gewährt und für jedes Kind 470 Euro. Dabei sind die Freibeträge für Kinder und den Ehegatten jeweils um deren Einkünfte zu mindern. Diese Freibeträge sind übrigens im Rahmen des 23. Änderungsgesetzes nicht erhöht worden. Somit bleibt es im Ergebnis dabei, dass nicht verheiratete und kinderlose Studierende an Hochschulen im Bewilligungszeitraum durchschnittlich bis zu 400 Euro brutto anrechnungsfrei hinzuverdienen dürfen. Darüberhinaus ergeben sich folgende monatliche Abzüge infolge der Anrechnung von Einkommen des Auszubildenden:

Anrechnung Einkommen des Auszubildenden, § 23 Abs. 1 Nr. 1 c.) BAföG

Jahreseinkommen des Auszubildenden bis ...	Monatlicher Abzug (bis 31.12.2010 / seit 1.1.2011)
4.800,00 €	Frei
5.000,00 €	11,64 € / 7,33 €
5.500,00 €	44,35 € / 40,13 €
6.000,00 €	77,06 € / 72,92 €
6.500,00 €	109,76 € / 105,71 €
7.000,00 €	142,47 € / 138,50 €
7.500,00 €	175,18 € / 171,29 €
8.000,00 €	207,89 € / 204,08 €
8.500,00 €	240,60 € / 236,88 €
9.000,00 €	273,31 € / 269,67 €
9.500,00 €	306,01 € / 302,46 €

(Quelle: Andreas Brickwell, BAföG-Ratgeber 2009)

Nachdem der Gesetzgeber inzwischen die Anhebung der Werbungskostenpauschale ab dem 1. Januar 2011 von 920 Euro auf 1.000 Euro beschlossen hat, verringert sich folglich der monatliche Abzug geringfügig um etwa vier Euro.

XII. Elternunabhängige Förderung und Vorausleistung

Wie bereits erwähnt ist für die Höhe der Ausbildungsförderung grundsätzlich das Elterneinkommen maßgebend.

In Ausnahmefällen, welche das Bundesausbildungsförderungsgesetz ausdrücklich vorsieht, werden Auszubildende ohne Berücksichtigung des Elterneinkommens gefördert. Das eigene Einkommen und das Einkommen des Ehegatten finden stets Berücksichtigung.

Neben den in § 11 Abs. 2a und § 11 Abs. 3 BAföG geregelten Fällen der vom Elterneinkommen unabhängigen Förderung kommt auch das in § 36 und § 37 BAföG geregelte Vorausleistungsverfahren als Anspruchsgrundlage für Ausbildungsförderung in Frage, bei welcher das Einkommen der Eltern außer Betracht bleibt.

1. Fälle des § 11 BAföG

Danach wird Einkommen der Eltern nicht berücksichtigt bei Auszubildenden, die vor dem Studium erwerbstätig waren und für den Lebensunterhalt selbst sorgen konnten. Elternunabhängiges BAföG gibt es auch für den Erwerb der Allgemeinen Hochschulreife auf dem zweiten Bildungsweg. Elternunabhängig gefördert wird auch, wer bei Beginn der Ausbildung über 30 Jahre alt ist. Dies gilt darüber hinaus auch für Vollwaisen und solche Auszubildende, bei denen der Aufenthaltsort der

Eltern unbekannt ist. Wird mit der Ausbildung erst nach Vollendung des 30. Lebensjahres begonnen so müssen aber zusätzlich die Voraussetzungen nach § 10 Abs. 3 BAföG vorliegen, da Ausbildungsförderung grundsätzlich nur bis zum Alter von 30 Jahren gewährt wird. Bei vorheriger Erwerbstätigkeit ist zu beachten, dass diese fünf Jahre ausgeübt wurde bzw. drei Jahre nach vorangegangener dreijähriger Berufsausbildung. Wer vor Erwerbstätigkeit bereits ein Studium angefangen und abgebrochen hatte, kann trotzdem elternunabhängig gefördert werden. Dabei ist zu beachten, dass das erste Studium nach höchstens drei Semestern abgebrochen wurde (§ 7 Abs. 3 BAföG) und das Ausbildungsziel dabei vollständig aufgegeben worden ist. In diesem Fall des »doppelten Perspektivwechsels« stellt die Rückkehr zum Ausbildungsziel Hochschulabschluss den Beginn eines neuen Ausbildungsabschnitts dar.

2. Elternunabhängige Förderung über das Vorausleistungsverfahren

Die Vorausleistung ist zunächst dafür gedacht Auszubildende zu unterstützen, wenn die Eltern deren Unterhaltspflicht für die Ausbildung nicht erfüllen. Dementsprechend findet ein Anspruchsübergang statt, d. h. der bürgerlich-rechtliche Unterhaltsanspruch des Auszubildenden gegenüber dessen Eltern geht auf das BAföG-Amt über (§ 37 BAföG). Der Anspruch kann logischerweise aber nur dann auf das Amt übergehen, wenn auch tatsächlich ein bürgerlich-rechtlicher Unterhaltsanspruch des Auszubildenden gegenüber dessen Eltern besteht. Dieser Anspruch auf Volljährigenunterhalt richtet sich nach § 1610 Abs. 2 BGB und der hierzu ergangenen umfangreichen Rechtsprechung des Bundesgerichtshofes. Danach handelt es sich beim Ausbildungsweg »Abitur – Lehre – Studium« regelmäßig um eine einheitliche Ausbildung, für welche die Eltern Unterhalt gewähren müssen. In anderen Fällen, beispielsweise beim Ausbildungsweg »Realschule-Lehre-Fachoberschule-Fachhochschule« liegt nach Ansicht des Bundesgerichtshofes eine einheitliche Ausbildung nur dann vor, wenn der Studienentschluss schon bei Beginn der Lehre vorhanden war und geäußert, zumindest aber erkennbar angestrebt wurde (BGH FamRZ 2006, 1100; FamRZ 1995, 416).

Anhaltspunkte, die für das Vorliegen einer einheitlichen Ausbildung sprechen können insbesondere sein, wenn die Ausbildung mit den Eltern gemeinsam geplant worden ist oder den Eltern bekannt war und sie nicht widersprochen haben oder vor dem Studium eine praktische Ausbildung aufgenommen wurde, die mit dem anschließenden Studium in einem engen sachlichen und zeitlichen Zusammenhang steht. Die BAföG-Ämter klären die Frage, ob die Eltern bereits eine angemessene Vorausbildung finanziert und die bürgerlich-rechtliche Unterhaltspflicht erfüllt haben, durch Vorlage eines von den Eltern auszufüllenden Fragebogens. Dort wird danach gefragt, ob und inwieweit die Eltern auf den Studienentschluss Einfluss genommen haben und ob den Eltern bekannt war, dass eine weitere Ausbildung geplant ist oder aufgenommen werden soll. Gelangt man nach unterhaltsrechtlicher Überprüfung zu dem Ergebnis, dass die Eltern die Unterhaltspflicht nach § 1610 Abs. 2 BGB bereits erfüllt haben durch die Finanzierung einer angemessenen Vorausbildung, kann das Bafögamt nicht mehr auf die Eltern zurückgreifen oder die Eltern gerichtlich in Anspruch nehmen. Der Auszubildende erhält in diesem Fall faktisch elternunabhängige Ausbildungsförderung. Anderenfalls, also wenn noch ein bürgerlich-rechtlicher Unterhaltsanspruch gegenüber den Eltern besteht, wird das BAföG-Amt die vorausgeleisteten Beträge beim Familiengericht geltend machen.

3. Anrechnung des Einkommens auf mehrere Auszubildende

In § 11 Abs. 4 BAföG ist der Fall geregelt, dass das Einkommen des Ehegatten oder der Eltern des Auszubildenden nicht nur auf dessen Bedarf, sondern noch auf den Bedarf weiterer in einer nach dem BAföG förderbaren Ausbildung stehender anzurechnen ist. Danach ist das nach Abzug der Freibeträge verbleibende Einkommen zu gleichen Teilen auf die Auszubildenden anzurechnen. Spiegelbildlich steht diese Vorschrift der Regelung in § 25 Abs. 3 Satz 1 Nr. 2 BAföG gegenüber, wonach (nur) für diejenigen Kinder des Einkommensbeziehers ein Freibetrag vom Einkommen gewährt wird, die nicht in einer Ausbildung stehen, die nach dem BAföG oder dem SGB III gefördert werden kann.

Der Gleichbehandlungsgrundsatz gebietet daher den in § 11 Abs. 4 BAföG vorgesehenen Grundsatz der gleichmäßigen Aufteilung des anzurechnenden Einkommens auf die Auszubildenden (Geschwister).

Dabei ist die gesetzliche Regelung großzügig, denn das anrechenbare Einkommen wird nicht nur dann zu gleichen Teilen aufgeteilt, wenn der andere Auszubildende tatsächlich gefördert wird und folglich tatsächlich (Eltern-)Einkommen auf seinen Bedarf anzurechnen ist. Es wird bei der Aufteilung vielmehr jeder weitere Auszubildende berücksichtigt, der in einer nach dem BAföG oder nach dem SGB III förderungsfähigen Ausbildung steht. Somit spielt es auch keine Rolle, ob der andere Auszubildende z.B. wegen erheblichen eigenen Einkommens oder Einkommens des Ehegatten keine Förderung erhält. Sogar solche Kinder sind bei der Aufteilungsentscheidung zu berücksichtigen, die nach Maßgabe von § 11 Abs. 3 BAföG elternunabhängig gefördert werden. Ausgenommen sind hiervon diejenigen, welche ein Abendgymnasium oder Kolleg besuchen und Auszubildende, die über 30 Jahre alt sind oder eine Universität der Bundeswehr oder eine Verwaltungsfachschule besuchen (Ramsauer/Stallbaum/Sternal, § 14, Rn. 38-40).

Nachdem also grundsätzlich auch solche Auszubildende bei der Aufteilung zu berücksichtigen sind, die elternunabhängig gefördert werden, bedeutet dieser Umstand erst recht, dass ebenso diejenigen Auszubildenden bei der Aufteilungsentscheidung zu berücksichtigen sind, die Vorausleistung erhalten, weil die Eltern für deren Ausbildung nicht mehr zum Unterhalt verpflichtet sind. Folglich wirkt sich ein Vorausleistungsantrag nicht zum Nachteil des ebenfalls in einer Ausbildung nach dem BAföG stehenden Geschwisters aus.

XIII. Vermögensanrechnung

Nachdem es sich bei der Ausbildungsförderung um einen Teil der Sozialgesetzgebung handelt, werden entsprechend des hierbei geltenden Grundsatzes des Nachranges bei der Bestimmung der Förderungshöhe die Vermögensverhältnisse des Auszubildenden, dessen Ehegatten und Kinder berücksichtigt. Das Vermögen der Eltern hingegen hat keinen Einfluss auf die Höhe der Förderung.

1. Freibeträge

Von dem Vermögen des Auszubildenden selbst bleiben 5.200 Euro anrechnungsfrei, für den Ehegatten und jedes Kind weitere 1.800 Euro. Zur Bestimmung der Höhe bzw. des Vermögenswertes ist der Zeitpunkt der Antragstellung maßgebend; es gilt das sogenannte Stichtagsprinzip.

Nur in Härtefallen kann ein weiterer Teil des Vermögens anrechnungsfrei bleiben, was jedoch im Ermessen des BAföG-Amtes steht. Insbesondere die Verwertung von Schmerzensgeld oder die Belastung oder Veräußerung eines kleinen eigengenutzten Eigenheimes oder einer entsprechenden kleinen Eigentumswohnung bedeuten stets eine Härte. Dabei darf der Verkehrswert des Hauses oder der Wohnung nicht so hoch sein, dass eine Verwertung im Hinblick auf die Nachrangigkeit der Ausbildungsförderung gerechtfertigt erschiene. Als insoweit angemessene Größe des Hauses bzw. der Wohnung werden bis zu 120 qm für eine vierköpfige Familie angesehen und bis zu 100 qm für einen Haushalt mit drei Personen (Ramsauer/Stallbaum/Sternal, BAföG 2005, § 29, Rn. 10; siehe dazu ausführlich Fall 10). Bei einer nur vom Auszubildenden selbst bewohnten Eigentumswohnung von nicht mehr als 70 qm dürfte es sich regelmäßig noch um angemessenen Wohnbedarf handeln.

2. Vermögensbegriff

Zum Vermögen werden alle Gegenstände, die dem Auszubildenden gehören, gerechnet. Dazu zählen alle beweglichen und unbeweglichen Sachen, damit sind Immobilien, also Häuser, Wohnungen und Grundstücke, gemeint. Nicht hinzuzurechnen sind Haushaltsgegenstände. Haushaltsgegenstände sind bewegliche Sachen, die zur Einrichtung der Wohnung, Führung des Haushalts und für das Zusammenleben der Familie bestimmt sind. Dazu gehören in der Regel Möbel, Haushaltsgeräte, Wäsche und Geschirr, Musikinstrumente sowie Rundfunk- und Fernsehgeräte sowie PC und Laptop. Die Liste dürfte derzeit um Mobilfunkgeräte aller Art (inkl. iPhone) und Mini-Notebooks (iPad etc.) zu erweitern sein.

In diesem Zusammenhang stellt sich die Frage, inwieweit Kraftfahrzeuge, also Autos und Krafträder, zum Vermögen des Auszubildenden hinzuzurechnen sind. Diese galten früher gemäß einer Verwaltungsvorschrift als Haushaltsgegenstände.

Fall 4: Kraftfahrzeuge sind keine Haushaltsgegenstände

Mit Urteil vom 30.6.2010 hat das Bundesverwaltungsgericht entschieden, dass Kraftfahrzeuge mit deren jeweiligen Wert zum Vermögen des Auszubildenden hinzuzurechnen sind (BVerwG vom 30.6.2010, Aktenzeichen 5 C 3.09).

Das Bundesverwaltungsgericht hat in dem Fall entschieden, dass Kraftfahrzeuge unabhängig von deren Größe oder sonstiger Beschaffenheit als Vermögen im Sinne von § 27 BAföG mit dem tatsächlichen Wert zu berücksichtigen sind.

In diesem Fall hat sich der Kläger darauf berufen, er habe im Dezember 1999 – etwa ein Jahr vor dem BAföG Antrag – einen PKW Audi A3 für ca. 40.000 DM gekauft. Der Vater habe ihm zum Kauf des Fahrzeuges ein zinsloses Darlehen in Höhe von 20.000 DM gewährt, das aus einem vorhandenen Bausparvertrag zurückbezahlt werden sollte.

Das BAföG-Amt bewertete das Kraftfahrzeug als einsetzbares Vermögen und forderte nachträglich die gleistete Ausbildungsförderung zurück.

Diese Entscheidung des Bundesverwaltungsgerichts aus dem Jahr 2010 ist insofern bedeutsam, da nach bisheriger Praxis Kraftfahrzeuge bis zu einem Wert von 7.500 Euro bei der Bewertung des vom Auszubildenden einzusetzenden Vermögens außer Betracht gelassen wurden.

Früher haben die BAföG-Ämter sogar alle Kraftfahrzeuge unabhängig von deren Größe und sonstiger Beschaffenheit als Haushaltsgegenstände angesehen, welche gemäß § 27 Abs. 2 Nr. 4 BAföG nicht zum Vermögen des Auszubildenden hinzugerechnet werden.

Diese Vorgehensweise war in einer entsprechend lautenden Verwaltungsvorschrift VwV 27.2.5 ausdrücklich vorgesehen. Die Verwaltungsgerichte sind jedoch nicht zur Anwendung der Verwaltungsvorschriften verpflichtet, da diese keinen Gesetzesrang haben.

Seit dem Jahr 2007 sind die BAföG-Ämter dazu übergegangen die Grundsätze der Sozialgerichte zur Vermögensanrechnung von Kraftfahrzeugen im Sozialhilferecht analog anzuwenden. Dies führte in der bereits erwähnten bisherigen Praxis dazu, dass Kraftfahrzeuge bis zu einem Wert von 7.500 Euro anrechnungsfrei blieben. (Bundessozialgericht, vom 6.9.2007, B 14/7b AS 66/06).

Im vorliegenden Fall hat das Bundesverwaltungsgericht nunmehr die Freiheit der Anrechnung von Kraftfahrzeugen zum Vermögen verneint und dabei die Verwaltungsvorschrift 27.2.5 ausdrücklich außer Betracht gelassen. Ein Kraftfahrzeug bildet als bewegliche Sache in Höhe des durch seine Verwertung erzielbaren Erlöses einzusetzendes Vermögen. Das Bundesverwaltungsgericht hat darüber hinaus Bezug genommen auf eine Vorschrift im Sozialhilferecht, nämlich § 12 Abs. 3 Nr. 2 SGB II, wonach ein angemessenes Kraftfahrzeug gesondert und ausdrücklich von einer Vermögensverwertung ausgenommen wird. Dieser Umstand spreche nach Ansicht des Bundesverwaltungsgerichts gerade gegen einen rechtsübergreifenden Grundsatz der Verwertungsfreiheit von Kraftfahrzeugen. Damit wird gleichzeitig die bisherige verwaltungsgerichtliche Rechtsprechung verworfen, die im Interesse eines einfachen Verwaltungsvollzuges eine Verwertung nur solcher Kraftfahrzeuge verlangte, die als Luxus- oder Wertanlagegegenstände (Oldtimer) einzustufen sind, den üblichen Wert wesentlich übersteigen, einen erheblichen Wert haben, also über 7.500 Euro oder derer es zur angemessenen Lebensführung eines Auszubildenden nicht bedarf.

Aus den vorstehenden Erwägungen dürfte sich somit die bisher von den BAföG-Ämtern praktizierte entsprechende Anwendung des vom Bundessozialgericht angenommenen anrechnungsfreien Grenzbetrags von 7.500 Euro für Kraftfahrzeuge von Empfängern von ALG 2 (Hartz IV) erledigt haben (BSG v. 6.9.2007, s. o.). Denn bei Auszubildenden steht im Unterschied zu arbeitssuchenden Empfängern von Grundsicherungsleistungen nicht die Notwendigkeit zur Integration in das Erwerbsleben im Mittelpunkt. Wie die BAföG-Ämter in Altfällen mit dieser Rechtsprechung umgehen werden, bleibt abzuwarten. Bei Neuanträgen wird es wohl zukünftig eines ausdrücklichen Hinweises zur Angabe von Kraftfahrzeugen bei der Erklärung zum Vermögen in Formblatt 1 bedürfen.

Dieser Entscheidung des Bundesverwaltungsgerichts liegt ein Fall aus den Jahren 2000–2002 zugrunde. In diesem Zeitraum haben die BAföG-Ämter die Verwaltungsvorschrift angewendet, wonach es sich bei Kraftfahrzeugen um Haushaltsgegenstände handelt, die nicht zum Vermögen gezählt werden.

In einem ähnlich gelagerten Fall hatte das Verwaltungsgericht Stuttgart zwar schon im Jahr 2006 entschieden, dass das Kraftfahrzeug zum Vermögen des Auszubildenden zähle. Dort hatte der Wert des Fahrzeugs genau 7.500 Euro betragen. Die Rücknahme vorangegangener Bewilligungsbescheide und eine damit verbundene Rückforderung der gewährten Ausbildungsförderung hatte das Verwaltungsgericht Stuttgart in dessen Entscheidung mit der Begründung abgelehnt, dem Auszubildenden könne keine grobe Fahrlässigkeit vorgeworfen werden, wenn man den PKW als verwertbares Vermögen zugrunde legt. Hierzu hat das Gericht auf die geltenden Verwaltungsvorschriften verwiesen und die darauf gestützten Erläuterungen in Formblatt 1 zum Antrag auf Ausbildungsförderung (Stand 2001), in welchen ausdrücklich ausgeführt wurde, dass Haushaltsgegenstände wie PKW, Radio oder Fernseher nicht zu den Vermögensgegenständen gehörten.

Die wesentlich jüngere Entscheidung des Bundesverwaltungsgerichts in diesem Punkt leuchtet nicht ein; denn dort wird ohne nähere Begründung angenommen, der Auszubildende hätte grob fahrlässig gehandelt. Angeblich hätte sich dem Auszubildenden aufdrängen müssen, dass er das Fahrzeug als Vermögenswert im BAföG-Antrag anzugeben hatte.

Vermutlich war für die Entscheidung des Bundesverwaltungsgerichts maßgebend, dass es sich in diesem Fall um ein oberklassiges Fahrzeug handelte, im Wert von ca. 20.000 Euro, welches zur angemessenen Lebensführung eines Studierenden offensichtlich nicht erforderlich sei.

3. Wertbestimmung

Die Bewertung der einzelnen Vermögensgegenstände wird jeweils zum Zeitpunkt der Antragsstellung vorgenommen. Bei Wertpapieren ist der Kurswert maßgebend, bei sonstigen Gegenständen (z. B. Kraftfahrzeugen) der jeweilige Zeitwert, bei Giro- und Sparkonten der jeweilige Kontostand, der durch aktuellen Kontoauszug nachzuweisen ist. Von dem Vermögen sind bestehende Schulden und Lasten abzuziehen. Bei Darlehensverbindlichkeiten gegenüber Verwandten ist zu beachten, dass die Rückzahlung des Darlehens aufgrund des konkreten Inhalts des Darlehensvertrages ernsthaft beabsichtigt ist, es sich also nicht um eine verdeckte Schenkung handelt. Einem sogenannten »Fremdvergleich« muss der Darlehensvertrag allerdings nicht standhalten, da eine schriftliche Fixierung aller Darlehensbedingungen im Einzelnen oder die Erhebung von marktüblichen Zinsen oder Gebühren zwischen Verwandten unüblich ist.

4. Datenabgleich und Rückforderung erbrachter Ausbildungsförderung

Für manche Studierende kommt das böse Erwachen einige Jahre nach Aufnahme des Studiums, oftmals sogar erst nach dessen Beendigung. Es beginnt stets mit der Aufforderung des BAföG-Amtes in Form eines an den Auszubildenden gerichteten Anhörungsschreibens, die Vermögensverhältnisse jeweils zum Zeitpunkt der Antragstellung offenzulegen. Anlass für dieses Verfahren ist ein automatisch durchgeführter Datenabgleich zwischen dem BAföG-Amt als Sozialbehörde und dem Bundesamt für Finanzen mit den durch die Geldinstitute dem Bundesamt für Finanzen gemeldeten steuerfreien Kapitalerträgen. Hat der Auszubildende also in der Vergangenheit seinem Geldinstitut Freistellungsauftrag erteilt, erfährt das BAföG-Amt beim Datenabgleich die Höhe der freigestellten Kapitalerträge; hierdurch ist ein Rückschluss auf die Höhe des seinerzeit bei Antragstellung vorhandenen Vermögens möglich.

Daher steht man als Betroffener in dieser Situation vor der schwierigen Frage, ob überhaupt Angaben zum seinerzeit vorhandenen Vermögen gemacht werden sollten – und falls ja, welche? – oder ob es ausreicht, keine Angaben zu machen und den in der Folge zwangsläufig erhobenen Rückzahlungsbetrag zu begleichen. Letzteres führt indes regelmäßig zu einem Strafverfahren, da die BAföG-Ämter dazu verpflichtet sind, bei Betrugsverdacht Strafanzeige zu erstatten. Dabei liegt der Anfangsverdacht eines BAföG-Betruges schon dann vor, wenn es zu einer – wenn auch nur geringfügigen – Rückzahlungsforderung kommt.

Keine Angaben zu machen ist aus diesem Grund die schlechteste aller denkbaren Handlungsalternativen.

Im Einzelnen gibt es folgende Verteidigungsmöglichkeiten, die sich bei der Abwehr von Rückforderungen bewährt haben:

5. Vermögensverbrauch

Meist wird der BAföG-Antrag zu Beginn des Wintersemesters im September oder Oktober eines Jahres gestellt. Unterstellt, der Wert des Vermögens liege bei Antragstellung zwar noch unterhalb des geltenden Freibetrages von 5.200 Euro. Der Datenabgleich fördere jedoch noch erhebliche Kapitalerträge aus dem Kalenderjahr der Antragstellung zutage. In diesem Fall sollte der Verbrauch bzw. die konkrete Verwendung des den Freibetrag übersteigenden Vermögens im Zeitraum bis zu sechs Monaten vor der Antragstellung beleghaft nachgewiesen oder in anderer geeigneter Weise glaubhaft gemacht werden können.

Hierzu kommt insbesondere die Vorlage von Rechnungen, Quittungen und Überweisungen in Frage. Aber auch länger als ein halbes Jahr zurückliegende Ausgaben sollten glaubhaft gemacht bzw. nachgewiesen werden können, soweit die Aufnahme des Studiums bereits beabsichtigt war, als der Vermögensverbrauch erfolgte. Dahinter steht der Rechtsgrundsatz, dass rechtsmissbräuchliche Vermögensverfügungen nicht zugunsten des Auszubildenden berücksichtigt werden, da sie gerade darauf gerichtet sind, die Bedürftigkeit herbeizuführen. Deshalb bleibt die Übertragung von Vermögen auf die Eltern oder Dritte *ohne Gegenleistung* stets unberücksichtigt.

Erfolgt der Vermögensverbrauch zum Kauf eines PKW, muss darauf geachtet werden, dass der Auszubildende das Eigentum am Fahrzeug nachweisen kann, indem er als Käufer im Kaufvertrag auftritt und im Fahrzeugbrief eingetragen wird. Dies gilt insbesondere dann, wenn das Fahrzeug von den Eltern erworben wird. Der Wert des Fahrzeugs bei Antragstellung sollte im übrigen keinesfalls 7.500 Euro übersteigen. In Altfällen dürften sich Auszubildende noch darauf berufen können, dass Kraftfahrzeuge bis zu einem Wert von 7.500 Euro bei der Berechnung des Vermögens außer Betracht bleiben und im Antrag deshalb nicht benannt worden sind. Bei Neuanträgen sind Kraftfahrzeuge mit dem aktuellen Zeitwert gegenüber dem Bafögamt in Formblatt 1 mitzuteilen (»als sonstige Vermögensgegenstände«; s. o. Fall 3) und dürften im übrigen dem Vermögen hinzugerechnet werden.

6. Unkenntnis vom Vorhandensein von Vermögen

Hatte man keine Kenntnis vom Vorhandensein des Vermögensgegenstandes als BAföG-Antrag gestellt wurde, so liegt ein tatsächliches Verwertungshindernis vor. Dies ist beispielsweise der Fall, wenn ein auf den Auszubildenden lautendes Sparbuch existierte, welches sich im ausschließlichen Besitz der Großeltern befand und der Auszubildende hiervon keine Kenntnis hatte. An die Darlegung der Umstände der Unkenntnis und deren Nachweis werden zur Verhinderung von Missbrauch hohe Anforderungen gestellt. Zentraler tatsächlicher Anknüpfungspunkt ist hierfür, ob der Auszubildende den Freistellungsauftrag persönlich erteilt und unterschrieben hat. Haben die Eltern oder ein anderer den Freistellungsauftrag erteilt ist dies zunächst ein Indiz dafür, dass der Auszubildende selbst tatsächlich keine Kenntnis vom Vorhandensein des Vermögens hatte. Weiteres Indiz für die Unkenntnis ist regelmäßig der Umstand, dass die Bankpost nur an die Elternadresse gesendet wurde.

Daneben sieht das Gesetz in § 27 BAföG die Anrechnungsfreiheit von Vermögen bei Vorliegen eines rechtlichen Verwertungshindernisses vor. Ferner kann zur Vermeidung unbilliger Härten ein weiterer Teil des Vermögens anrechnungsfrei bleiben, § 29 Abs. 3 BAföG.

7. (Verdeckte) Treuhand

Bei Treuhandvermögen handelt es sich um solches, das zwar rechtlich dem Auszubildenden zugeordnet wird, ihm also gehört, er hierüber aber infolge einer mit dem Treugeber getroffenen Treuhandabrede nicht frei verfügen darf und welches zu einem vorher bestimmten Zeitpunkt zurückzubezahlen ist. Rechtlich ist das Vermögen des Auszubildenden daher mit dem Herausgabeanspruch des Treugebers belastet, sodass vom Vermögen diese Schuld in Abzug gebracht wird, vgl. § 28 Abs. 3 BAföG.

Im Fall des Einwands einer verdeckten fremdnützigen Treuhand werden von der Rechtsprechung zur Vermeidung von Missbrauch sehr hohe Anforderungen an die Glaubhaftmachung des tatsächlichen Bestehens einer Treuhandabrede gestellt. Da die relevanten Umstände oft in familiären Beziehungen wurzeln oder sich als innere Umstände darstellen, die häufig nicht zweifelsfrei feststellbar sind, werden zur Klärung der Frage, ob ein entsprechender Treuhandvertrag tatsächlich vorliegt, äußerlich erkennbare Beweisanzeichen (Indizien) herangezogen (VGH Bad.-Württ., Urteil vom 29.4.2009, Az. 12 S 2493/06). Hierzu ist die konkrete Darlegung der getroffenen Treuhandabrede, die Trennung des Treugutes vom eigenen Vermögen sowie der fehlende eigene Zugriff auf das Treugut zur Glaubhaftmachung von zentraler Bedeutung. Zwar schließt im ausbildungsrechtlichen Zusammenhang die fehlende Trennung des Treuguts vom eigenen Vermögen nicht zwingend aus, dass ein wirksamer Treuhandvertrag geschlossen wurde. Ein zivilrechtlicher Herausgabeanspruch gegen den Treuhänder kann nämlich selbst dann bestehen, wenn der Treuhänder empfangenes Geldvermögen abredewidrig nicht getrennt von seinem Vermögen verwahrt hat (vgl. BFH, Urteil vom 25. Januar 2001 II R 39/98 HFR 2001, 678). Ist allerdings die Separierung des Treuguts schon nicht Bestandteil des behaupteten Vertrages und hat der angebliche Treuhänder das Empfangene auch tatsächlich nicht von seinem eigenen Vermögen getrennt, so ist in der Regel davon auszugehen, dass die Beteiligten eine verbindliche Treuhandvereinbarung tatsächlich nicht getroffen haben (BVerwG, Urteil vom 4.9.2008, Az. 5 C 12.8, Rn. 20; BVerwG, Urteil vom 5.3.2010, 5 B 7.10, siehe Fall 5).

Zur Glaubhaftmachung der Treuhandabrede ist der Zeitpunkt des Vertragsschlusses sowie ein plausibler Grund für den Abschluss des Vertrages zu benennen (Bundesverwaltungsgericht, Urteil vom 4.9.2008, Az. 5 C 12.8, Rn. 21). Dabei muss gerade bei der fremdnützigen Treuhand das Handeln des Treuhänders im fremden Interesse wegen der vom zivilrechtlichen Eigentum abweichenden Zurechnungsfolge eindeutig erkennbar sein (vgl. BFH, Urteil vom 4. Dezember 2007 VIII R 14/05 BFH RR 2008, 221, m.w.N.; LSG Schleswig, Urteil vom 6. Juli 2007 L 3 AL 125/06 ZVW juris Rn. 33).

Als wichtiges Indiz für das Vorliegen einer Treuhandvereinbarung wird insbesondere die Rückzahlung des Treuhandvermögens an den Treugeber angesehen, wenn diese bereits vor dem Aufforderungsschreiben des BAföG-Amtes zur Offenlegung der Vermögensverhältnisse erfolgt ist, also ohne Kenntnis des Auszubildenden vom Datenabgleich und von der Einleitung eines gegen ihn gerichteten Rückforderungsverfahrens.

Wurde Vermögen der Eltern oder von nahen Angehörigen lediglich aus Gründen der Steuerersparnis auf den Auszubildenden übertragen, ist der Nachweis des Treugebers, er habe den eigenen steuerlichen Freibetrag bereits ganz oder jedenfalls größtenteils ausgeschöpft, ein gewichtiges Indiz zur Glaubhaftmachung der Treuhandabrede. Eine Selbstanzeige der Eltern wegen Steuerhinterziehung ist dabei durchaus als weiteres Indiz dafür zu werten, dass auf den Namen des Auszubildenden angelegtes Vermögen diesem rechtlich nicht zuzuordnen ist, sondern tatsächlich dessen Eltern gehört.

Vor einer Selbstanzeige beim Finanzamt sollten unbedingt die steuerrechtlichen Fragen hierzu geklärt werden, insbesondere die Frage, ob die Tat bereits als entdeckt gilt.

Fall 5: Trennung des Treugutes vom eigenen Vermögen

Die fehlende Trennung des Treugutes vom eigenen Vermögen ist ein gewichtiges Indiz für das Fehlen einer wirksamen Treuhandvereinbarung (»Indizwirkung« – Bundesverwaltungsgericht v. 5.3.2010, 5 B 7.10).

Das Bundesverwaltungsgericht hat in einer aktuellen Entscheidung klargestellt, dass die fehlende Trennung des Treugutes vom eigenen Vermögen als Indiz für das Fehlen einer wirksamen Treuhandvereinbarung anzusehen sei.

Zwar schließe die fehlende Trennung von Treugut und eigenem Vermögen des Auszubildenden nicht zwingend einen zivilrechtlich wirksamen Treuhandvertrag aus, jedoch habe das Bundesverwaltungsgericht bereits in einer früheren Entscheidung betont, dass die Trennung ein gewichtiges Indiz sei, bei dessen Nichtvorliegen im Regelfall davon auszugehen ist, dass eine verbindliche Treuhandvereinbarung tatsächlich nicht getroffen wurde. Somit ist angesichts der aktuelleren Entscheidung aus dem Jahr 2010 davon auszugehen, dass das Bundesverwaltungsgericht die Fälle, in denen es an einer Trennung des Treugutes vom eigenen Vermögen des Auszubildenden mangelt, (noch) restriktiver beurteilen und somit in solchen Fällen kein ausbildungsförderungsrechtlich relevantes Treuhandverhältnis anerkennen wird.

Fall 6: Treuhandvereinbarung zum Ausnutzen des Steuerfreibetrages bei Kapitalerträgen

In diesem Fall, der vom Verwaltungsgericht Stuttgart entschieden wurde, hatte der Auszubildende im Zeitraum vom Jahr 2000 bis Dezember 2007 das gesamte Vermögen seines Bruders verwaltet und in dieser Zeit sämtliche Geldgeschäfte seines Bruders getätigt. Vor der Eröffnung eines Online-Tagesgeldkontos des Auszubildenden im Oktober 2002 sei mit dem Bruder vereinbart worden, dass das auf dem Tagesgeldkonto vorhandene Vermögen auf das Konto des Bruders zu überweisen sei, sobald dieser das Geld nebst Zinsen zurückfordere.

Das Tagesgeldkonto habe ausschließlich der Verwahrung der durch seinen Bruder eingezahlten Beträge gedient und sei über den gesamten Zeitraum der Vereinbarung nicht mit dem eigenen Vermögen vermischt worden. Für die Annahme eines Treuhandverhältnisses spreche weiter, dass schon drei Tage nachdem der erste BAföG-Antrag gestellt wurde, nahezu das gesamte Guthaben einschließlich Zinsen auf das private Bankkonto des Bruders überwiesen worden sei, ohne dass hierfür ein förderrechtlicher Anlass oder Zwang bestanden hätte. Dabei seien der Auszubildende und dessen Bruder davon ausgegangen, dass die Einkünfte aus dem Guthaben des Tagesgeldkontos durch den Auszubildenden als formalen Kontoinhaber zu versteuern seien und das Ausnutzen der Freibeträge legal und als angenehmer Nebeneffekt willkommen sei. Hauptzweck der Treuhandvereinbarung sei indes vielmehr gewesen, einen gewissen Geldbetrag von den Konten des Bruders dauerhaft und sicher zu trennen, um absehbare zukünftige Forderungen in größerem Umfang sicher begleichen zu können.

Das Verwaltungsgericht Stuttgart hat in dieser Entscheidung die Wirksamkeit des Treuhandverhältnisses aufgrund der Einzelfallumstände festgestellt. Die Begründung für den Abschluss des Treuhandvertrages sei vorliegend plausibel.

Das eigentlich Interessante an dem Urteil ist der darin enthaltene ergänzende Hinweis des Gerichts darauf, dass dem Bruder der Anspruch auf Rückzahlung des Treugutes ebenso zugestanden hätte, selbst wenn der geschlossene Treuhandvertrag zur Erlangung der Steuervorteile als alleiniger Zweck bzw. als Hauptzweck aufgrund Gesetzesverstoß oder Sittenwidrigkeit nichtig wäre (§§ 134, 138 BGB). Der Rückzahlungsanspruch des Bruders hätte dann als Schuld des Auszubildenden im Sinne von § 28 Abs. 3 BAföG dessen Vermögen auf einen Betrag unterhalb des Freibetrages von 5.200 Euro verringert. Dem Rückzahlungsanspruch des Bruders, der sowohl nach dem Recht der Geschäftsführung ohne Auftrag (§§ 667, 681 Satz 2 BGB) als auch nach Bereicherungsrecht vorliege (§ 812 Abs. 1 Satz 1, 1. Alt. BGB) stehe nicht das Rückforderungsverbot nach § 817 Satz 2 BGB entgegen (Verwaltungsgericht Stuttgart, Urteil vom 25.9.2009, Az. 11 K 2527/09).

8. Vertrauensschutz und grobe Fahrlässigkeit

Wenn ein Darlehen oder das Treuhandverhältnis zwischen dem Auszubildenden und dessen Eltern bzw. einem Elternteil im Nachhinein nicht hinreichend nachzuweisen ist, kann der Rücknahme der Bewilligungsbescheide die Vertrauensschutzregelung des § 45 Abs. 2 Satz 1 SGB X entgegenstehen. Danach ist das Vertrauen des

Begünstigten nicht schützenswert, soweit die bewilligten Förderleistungen auf Angaben beruhen, die der Auszubildende vorsätzlich oder grob fahrlässig in wesentlicher Beziehung unrichtig oder unvollständig gemacht hat. Werden folglich im Antrag wesentliche Tatsachen nicht mitgeteilt, obwohl im Formular oder anderweitig danach gefragt wird, liegt in der Regel grob fahrlässiges Handeln vor (VGH Bad.-Württ., Urteil v. 17.9.2007, Az. 12 S 2535/06). Das bedeutet jedoch nicht, dass ein Auszubildender grundsätzlich nicht grob fahrlässig handelt, wenn er wesentliche Tatsachen nicht mitteilt, obgleich in den Antragsformularen nicht ausdrücklich danach gefragt wurde. Selbst in solchem Fall kann die erforderliche Sorgfalt in besonders schwerem Maße verletzt sein, wenn die Unrichtigkeit oder Unvollständigkeit seiner Angaben ihm sozusagen ins Auge springen musste.

Grob fahrlässig handelt danach auch, wer seiner Pflicht zur Erkundigung beim BAföG-Amt nicht nachkommt, sofern sich ihm eine solche Nachfrage aufdrängen musste. Maßgeblich ist dabei kein objektiver, abstrakter Sorgfaltsmaßstab, sondern es kommt auf die jeweilige persönliche Einsichtsfähigkeit des Auszubildenden unter Berücksichtigung der besonderen Umstände des Einzelfalles an.

Der rechtlichen Auffassung des Verwaltungsgerichtshofes Baden-Württemberg entsprechend soll sogar entgegen dem ausdrücklichen Wortlaut des Antragsvordruckes ausnahmsweise auch in der Zeit vor den jeweiligen Antragsstellungen noch vorhandenes Vermögen im Antrag anzugeben sein, wenn sich selbst einem juristischen Laien die Rechtsmissbräuchlichkeit der (kurz) vor Antragstellung vorgenommenen Vermögensübertragung aufdrängen muss (VGH Bad.-Württ., Urt. vom 29.4.2009, Az. 12 S 2493/06). Ob und inwieweit der

Auszubildende aus laienhafter Sicht annehmen kann, er sei zur Übertragung des Vermögens verpflichtet gewesen, ist folglich einer Prüfung der subjektiven Motivation des Auszubildenden im Einzelfall vorbehalten, bei welcher den Gerichten erheblicher Entscheidungsspielraum zusteht, da die erhobenen Beweise nach freier Überzeugung gewürdigt werden (siehe hierzu Fall 12).

Fall 7: Vermögensübertragung zwischen formlosem und förmlichem BAföG-Antrag

Nach Auffassung des Verwaltungsgerichts Karlsruhe kann sich ein Auszubildender nicht darauf berufen, er habe zum Zeitpunkt der förmlichen Antragstellung von Ausbildungsförderung Vermögen auf die Großeltern zum Kauf eines Autos übertragen und daher wahrheitsgemäße Angaben im Antragsvordruck gemacht. Er hätte sich bei ausreichender Überlegung deutlich machen können, dass eine Übertragung wenige Tage nach der formlosen Antragstellung nicht mit den Vorgaben des Gesetzes zu vereinbaren sei, wonach Auszubildende vorhandenes Vermögen vorrangig für den eigenen Lebensunterhalt und die eigene Ausbildung einzusetzen haben. Indem es ein Auszubildender versäumt, insoweit eigene Überlegungen anzustellen und sich ausreichend zu informieren, verletzt er gleichfalls die erforderliche Sorgfalt in besonders hohem Maße.

Obwohl im ausdrücklichen Wortlaut der verwendeten Antragsvordrucke nicht auch nach dem kurz vor der förmlichen Antragstellung innegehabtem Vermögen gefragt worden war, bestand nach den besonderen Umständen des Falles die Pflicht zur Erkundigung beim BAföG-Amt.

Nach Auffassung des Verwaltungsgerichts Karlsruhe bestehe jedenfalls bei Übertragung eines erheblichen Geldbetrages, vorliegend über 10.000 Euro eine solche Erkundigungspflicht. Die Antragsformulare sehen nämlich eine Eingabezeile vor, die lautet: »Angaben zu meinem Vermögen im Zeitpunkt der Antragsstellung«. Der Auszubildende hätte daher erkennen müssen und können, dass eine erst nach der erstmaligen Antragstellung vorgenommene, erhebliche Vermögensverschiebung nicht verschwiegen werden darf. Im Zweifel hätte er die Pflicht gehabt, sich vorher zu erkundigen (VG Karlsruhe, Urt. vom 13.10.2010, Az. 5 K 4058/08).

XIV. Schulden und Lasten

Von dem Vermögen des Auszubildenden sind gemäß § 28 Abs. 3 BAföG die im Zeitpunkt der Antragstellung bestehenden Schulden und Lasten abzuziehen. Bei der Wertbestimmung der vermögensmindernden Verbindlichkeiten des Auszubildenden gilt ebenso wie bei der Bestimmung des Vermögens selbst das Stichtagsprinzip. Abgänge vom Vermögen, die nach Antragstellung stattfinden, werden folglich nicht berücksichtigt. Die bereits erhaltenen BAföG-Darlehen zählen ausdrücklich nicht als Schulden des Auszubildenden. Verfügt ein Auszubildender beispielsweise über eine Lebensversicherung oder nicht fällige Prämiensparguthaben, so werden als Verbindlichkeiten auch die Kosten berücksichtigt, die bei vorzeitiger Verwertung durch die Rückzahlung von Auflösungsgebühren, Prämien, Zinsen und Nachversteuerungsbeträgen entstehen würden. Bei Bausparverträgen werden, ohne dass ein konkreter Nachweis erforderlich ist, pauschal 10 Prozent vom Bausparguthaben als Lasten abgezogen.

Schulden im Sinne des Abs. 3 sind zu berücksichtigen, wenn eine rechtliche Verpflichtung zur Begleichung der Forderung besteht und der Auszubildende mit der Geltendmachung der Schuld durch den Gläubiger ernsthaft rechnen muss (VGH Baden-Württemberg, Urteil vom 21.2.1994, Az: 7 S 197/93).

1. Darlehen, insbesondere Darlehen unter Angehörigen

Schulden und Lasten vermindern das Vermögen des Auszubildenden. Zu den Schulden des Auszubildenden sind grundsätzlich auch dessen Darlehensverbindlichkeiten zu rechnen. Die Schulden müssen zum Zeitpunkt der Antragstellung bestanden haben (Stichtagsprinzip). Als Verbindlichkeit kommt daher grundsätzlich auch eine solche aus einem Elterndarlehen oder sonstigem Verwandtendarlehen in Betracht. Damit ein Darlehen vermögensmindernd berücksichtigt werden kann, ist es bei Antragsstellung gegenüber dem BAföG-Amt grundsätzlich zu offenbaren.

Um Missbrauchsfällen bei der nachträglichen Glaubhaftmachung solcher Darlehen unter Angehörigen entgegenzuwirken, wird an die Darlegung des tatsächlichen Bestehens der Darlehensschuld ein strenger Maßstab angelegt. Zwar müssen die Anforderungen an ein Elterndarlehen nicht einem strengen Fremdvergleich standhalten (VGH Bad.-Württ., Urteil vom 29.4.2009, Az. 12 S 2493/06). Danach sollte für Darlehen, die unter Verwandten gewährt werden nichts anderes gelten als für Darlehensverträgen zwischen Dritten. Hierfür wurde von den Gerichten früher als notwendige Voraussetzung das Vorliegen eines schriftlichen Darlehensvertrages angesehen. Davon ist die neuere Rechtsprechung inzwischen abgekommen, da in der Realität Darlehensverträge unter Verwandten, insbesondere im Verhältnis Großeltern – Eltern – Kind, in fast allen Fällen mündlich geschlossen werden. Das Schriftformerfordernis führte in der Praxis schließlich dazu, dass nachträglich fingierte schriftliche Verträge den BAföG-Ämtern und Gerichten vorgelegt wurden und Studenten sowie deren

Eltern hierdurch Gefahr liefen, strafrechtlich belangt zu werden. Nach wie vor stellt die Rechtsprechung aber hohe Anforderungen an die Glaubhaftmachung der konkreten (mündlichen) Darlehensabsprache. Dabei ist regelmäßig der Zeitpunkt der Abrede nachzuweisen ebenso wie die getroffenen Absprachen zur Laufzeit und Art sowie Zeit der Rückzahlung des Darlehens sowie der fälligen Zinsen. Zur Glaubhaftmachung sollten die Absprachen anhand der tatsächlich geleisteten Zahlungen / Raten nachvollziehbar sein.

Zu beachten ist, dass Darlehensverbindlichkeiten nur insoweit vermögensmindernd berücksichtigt werden können, als der Auszubildende mit der Geltendmachung der Darlehensforderung *ernsthaft* rechnen muss. Auf die Fälligkeit der Forderung *innerhalb des Bewilligungszeitraums* kommt es für die Frage, ob die Schuld besteht, nicht an (BVerwG, Urteil vom 4.9.2008, Az. 5 C 12.8, Rn. 25). Der Rückzahlungsanspruch sollte indes bei langfristiger Laufzeit, das heißt bei einer Gesamtlaufzeit von mehr als vier Jahren, ausreichend gesichert sein (OVG Saarland, Beschluss vom 24.4.2006, Az. 3 Q 60 / 05; einschränkend hierzu VGH Bad.-Württ., Urteil vom 29.4.2009, Az. 12 S 2493 / 06).

Die Entwicklung der Rechtsprechung zeigt auf, dass der konkrete Inhalt, der Zeitpunkt und ein plausibler Grund für die Darlehensabrede zur Glaubhaftmachung nachzuweisen sind. Die Anforderungen eines strengen Fremdvergleiches gehen indes über das alleinige gesetzliche Erfordernis einer bestehenden Schuld hinaus und werden weder den tatsächlichen Verhältnissen noch der grundsätzlich durch Art. 6 Abs. 1 GG gebotenen Respektierung familiärer Vertrauensbeziehungen gerecht (BVerwG, Urteil vom 4.9.2008, Az. 5 C 30.7). Dies gelte insbesondere für die Schriftlichkeit sowie das Erfordernis der ausreichenden Sicherung und Verzinsung eines Darlehens unter Angehörigen (VGH Bad.-Württ., Urteil vom 29.4.2009, Az. 12 S 2493/06).

Im Ergebnis kommt es also für die Anerkennung eines Angehörigendarlehens auf die klare und eindeutige Abgrenzbarkeit der Darlehensgewährung von einer verschleierten Schenkung oder Unterhaltsgewährung auf der Grundlage einer Würdigung aller Umstände des Einzelfalles an.

Im Streitfall werden die BAföG-Ämter bzw. die Gerichte eine detaillierte Darlegung der tatsächlichen Umstände verlangen und hierzu die Eltern (als Gläubiger des Darlehens) persönlich anhören. Soweit die relevanten Umstände in familiären Beziehungen wurzeln oder sich als innere Tatsachen darstellen, die häufig nicht zweifelsfrei feststellbar sind, ist es gerechtfertigt, für die Frage, ob ein entsprechender Vertragsschluss vorliegt, äußerlich erkennbare Merkmale als Beweisanzeichen (Indizien) heranzuziehen (Bundesverwaltungsgericht, Urteil v. 4.9.2008, 5 C 30.7; VGH Bad.-Württ., Urteil v. 29.4.2009, Az. 12 S 2493/06).

Darlehen, die von den Eltern zu Ausbildungszwecken, mithin zur Erfüllung der gesetzlichen Unterhaltspflicht gewährt werden, sind nicht vermögensmindernd zu berücksichtigen. Somit ist es nicht möglich, eine Darlehensforderung der Eltern mit der Verauslagung von Miete oder Studiengebühren zu begründen, weil solche Leistungen der Eltern der gesetzlichen Verpflichtung zur Gewährung von Unterhaltsleistungen entsprechen.

Fall 8: Unverwertbarkeit eines Kautionskontos für das Auslandsstudium

Dieser Fall, welcher dem Verwaltungsgericht Karlsruhe zur Entscheidung vorliegt, betrifft die Frage, ob das Guthaben eines Kautionskontos, das zur Sicherung der Finanzierung eines Auslandsstudiums in den USA dient, rechtlich unverwertbar ist und daher nicht zum Vermögen des Auszubildenden hinzuzurechnen ist. Die Auszubildende hatte etwa einen Monat, bevor sie Auslandsbafög beantragte, einen Betrag von 5.000 Euro auf ein Unterkonto der Mutter überwiesen, welches erklärtermaßen als Kaution zugunsten der Ausbildungsstätte in den USA gestellt wurde. Dem Aufnahmeantrag der amerikanischen Universität gemäß, bestätigten die Mutter und deren kontoführende Bank, dass das Konto und das hierauf vorhandene Guthaben für die gesamte Dauer der Ausbildung zur Verfügung stehen werde. Nachdem die Auszubildende den Geldbetrag zur Kautionsgestellung an ihre Mutter überwiesen hatte, war dieses Guthaben bei Antragstellung rechtlich nicht mehr verwertbar. Die Kautionsgestellung führte zu einem rechtlichen Verwertungshindernis im Sinne von § 27 Abs. 1 Satz 2 BAföG.

Der Übertrag des Guthabens auf die Mutter sei auch nicht rechtsmissbräuchlich. Denn die Auszubildende habe als Gegenleistung von der Mutter die Kautionsgestellung in Höhe des Übertrages erhalten.

Das BAföG-Amt vertritt die Auffassung, die Kaution habe für die Ausbildung zur Verfügung gestanden, sie sei schließlich zu deren Sicherung vorgesehen.

Entgegen der Auffassung des BAföG-Amtes ist die Auszubildende rechtlich daran gehindert, auf das Guthaben zuzugreifen und dieses selbst für das Auslandsstudium zu verwenden. Denn das Aufnahmeformular der amerikanischen Universität verlangte die Vorlage schriftlicher Bestätigungen eines Elternteils sowie einer Bank, wonach die Kaution als Bankeinlage für die Dauer des Studiums zur Verfügung stehen müsse. Diese Voraussetzung schließt den Zugriff des Auszubildenden während des Studiums aus. Rechtlich handelt es sich bei der Vereinbarung zur Gestellung der Kaution um ein dreiseitiges Rechtsgeschäft zwischen der Mutter, deren Bank und der Ausbildungsstätte zur Bestellung eines Pfandes am Sicherungskonto zugunsten der Ausbildungsstätte als Pfandgläubigerin, §§ 1274, 1282, 1228 Abs. 2 BGB. Die Verpfändung führt dazu, dass die Bank als Schuldnerin des Auszahlungsanspruchs für die Dauer des Auslandsstudiums nur an die Mutter (Gläubigerin) und die Ausbildungsstätte (Pfandgläubigerin) gemeinschaftlich leisten darf, § 1281 Satz 1 BGB. Das Kautionsguthaben ist folglich während des Studiums im Ausland rechtlich nicht zu verwerten. Es liegt ein rechtliches Verwertungshindernis gemäß § 27 Abs. 1 Satz 2 BAföG in Verbindung mit § 1281 Satz 1 BGB vor.

XV. BAföG und andere Sozialleistungen

1. BAföG, Hartz IV bzw. Arbeitslosengeld 2 sowie Wohngeld

Auszubildende, deren Ausbildung im Rahmen des BAföG dem Grunde nach förderungsfähig ist, haben keinen Anspruch auf Leistungen zur Sicherung des Lebensunterhalts, vgl. §7 Abs. 5 SGB II. Das heißt, dass Arbeitslosengeld 2 bzw. Hartz IV nicht erhält, wer sich in einer Ausbildung befindet, die nach dem BAföG gefördert werden kann, also unabhängig davon, ob Ausbildungsförderung tatsächlich gewährt wird.

Es besteht grundsätzlich ein Konkurrenzverhältnis zwischen den Leistungen nach dem BAföG, Wohngeld nach Wohngeldgesetz und Arbeitslosengeld 2 nach dem SGB II. Konkurrenz heißt, dass Leistungen stets nur nach einem dieser Gesetze beansprucht werden können, nicht aber kumulativ, d. h. gleichzeitig nach mehreren dieser Gesetze.

Wer sich in einer Ausbildung befindet, die grundsätzlich mit BAföG gefördert werden kann, hat somit keinen Anspruch auf Arbeitslosengeld 2/Hartz IV. Nur in »besonderen Härtefällen« können trotzdem Hartz-IV-Leistungen zur Sicherung des Lebensunterhaltes als Darlehen gewährt werden. Hierfür ist aber eine spezielle Prüfung des Einzelfalls erforderlich.

Etwas anderes gilt für Schüler, die zu Hause wohnen oder eine Berufsfachschule (siehe Fall 9) besuchen oder eine Abendhauptschule, Abendrealschule oder ein Abendgymnasium nach Vollendung des 30. Lebensjahres. Solche Schüler haben Anspruch auf Arbeitslosengeld 2.

Empfänger von Arbeitslosengeld 2 haben keinen Wohngeldanspruch. Denn der Wohnbedarf ist im Arbeitslosengeld 2 bereits enthalten.

Empfänger von BAföG haben auch keinen Wohngeldanspruch – wer aber kein BAföG erhält, obwohl er dem Grunde nach berechtigt wäre, kann unter den folgenden Voraussetzungen Wohngeld beanspruchen, wenn

- die Altersgrenze von 30 Jahren überschritten wurde, oder
- verspätet oder ohne anerkannten Grund die Fachrichtung gewechselt wurde,
- die Förderungshöchstdauer überschritten wurde,
- eine nicht förderbare Zweitausbildung begonnen wurde,
- der Leistungsnachweis (§48 BAföG) nicht erbracht werden konnte oder
- wenn minderjährige Kinder betreut werden.
- Wohngeld gibt es auch, soweit BAföG nur als Darlehen gewährt wird, z.B. BAföG als Studienabschlusshilfe.

Fall 9: Anrechnung von BAföG auf Arbeitslosengeld 2

Das Bundesverfassungsgericht hat mit Beschluss vom 7. Juli 2010 entschieden, dass die Anrechnung von

BAföG-Leistungen auf Hartz IV mit dem Grundgesetz vereinbar, also verfassungsgemäß ist.

In diesem Fall absolvierte die Auszubildende eine dreijährige Ausbildung in einer privaten Berufsfachschule und hatte monatliche Schulgebühren zu entrichten. Sie bezog in dieser Zeit Leistungen nach Hartz IV (SGB II), wobei der Leistungsträger die der Auszubildenden ebenfalls gewährten Leistungen nach dem BAföG als bedarfsminderndes Einkommen berücksichtigte.

Das Bundessozialgericht hatte hierzu entschieden, dass die BAföG-Leistungen als bedarfsminderndes Einkommen anzurechnen seien, wobei lediglich eine Pauschale von 20 Prozent des Gesamtbedarfs nach dem BAföG für ausbildungsbestimmte Kosten in Abzug zu bringen sei. Die für den Besuch der Privatschule zu entrichtenden Schulgebühren seien darüber hinaus nicht zusätzlich absetzbar.

Das Bundesverfassungsgericht erachtet diese Handhabung für rechtmäßig. Die Verfassung gebiete nicht die Gewährung von bedarfsunabhängigen, voraussetzungslosen Sozialleistungen. Aus verfassungsrechtlicher Sicht sei es ausreichend, dass das Existenzminimum gedeckt werden kann, ohne dass es auf den Rechtsgrund der Einnahme oder die subjektive Verwendungsabsicht des Hilfebedürftigen ankäme. Zudem müsse der Besuch einer Privatschule nicht von Verfassungs wegen durch die Gewährung staatlicher Mittel ermöglicht oder erleichtert werden. Eine Ungleichbehandlung gegenüber anderen Auszubildenden, die eine schulgeldfreie Schule besuchen, liege nicht vor, da bei ihnen, soweit sie Leistungen nach Hartz IV beziehen, in gleicher Weise BAföG-Leistungen angerechnet werden. Auch gegenüber bemittelten Auszubildenden werde die Auszubildende nicht schlechter behandelt, sondern sogar privilegiert. Denn Personen, die über hinreichendes Einkommen bzw. Vermögen verfügen, erhalten weder Hartz IV-Leistungen noch Leistungen nach dem BAföG (Bundesverfassungsgericht, Beschluss vom 7. Juli 2010, Az. 1 BvR 2556/09).

2. Kindergeld

Kindergeld ist kein Einkommen im Sinne des BAföG. Folglich mindert sich auch der für die Kinder des Auszubildenden gewährte Freibetrag nicht um das Kindergeld. Eine Anrechnung des Kindergeldes auf den Bedarf des Auszubildenden findet in keinem Fall statt, selbst dann nicht, wenn die Eltern dem Auszubildenden das Kindergeld zukommen lassen.

Im Gegensatz zu den Regelungen im BAföG findet das Kindergeld Anrechnung auf Hartz-IV-Leistungen. Die Berücksichtigung des Kindergeldes als leistungsminderndes Einkommen sei mit dem Grundrecht auf Gewährleistung eines menschenwürdigen Existenzminimums vereinbar (Bundesverfassungsgericht, Urteil vom 11. März 2010, Az. 1 BvR 3162/09).

Fall 10: Verwertbarkeit eines Hausgrundstücks

Grundsätzlich ist im Rahmen der Ausbildungsförderung das selbst bewohnte Haus bzw. die selbst bewohnte Wohnung mit dem jeweiligen Wert als Vermögen einzusetzen. Die Frage der Bestimmung des tatsächlichen Werts von Immobilien soll an dieser Stelle nicht näher vertieft werden, da bereits bei kleinsten Wohneinheiten regelmäßig der Freibetrag von 5.200 Euro bei Weitem überschritten wird. In diesem Zusammenhang verdient vielmehr die Härtevorschrift des § 29 Abs. 3 BAföG eine nähere Betrachtung. Danach kann zur Vermeidung unbilliger Härten ein weiterer Teil des Vermögens anrechnungsfrei bleiben.

Von der verwaltungsgerichtlichen Rechtsprechung wird bislang das Vorliegen einer unbilligen Härte anerkannt, wenn ein kleines selbst bewohntes Eigenheim oder eine entsprechende Eigentumswohnung verkauft oder belastet werden müsste. Dabei kommt es vor allem auf die Größe des Hauses und den Verkehrswert an. Als Richtwert für die Angemessenheit eines Hauses bzw. Wohnung werden von der Rechtsprechung 120–130 qm für eine vierköpfige Familie und 100 qm für eine dreiköpfige Familie angenommen. Eine Härte im Sinne des BAföG dürfte zudem stets dann vorliegen, wenn die Verwertung des Hauses bzw. der Wohnung beim Bezug von Sozialhilfe ausgeschlossen ist.

Mit der Frage, welche Kriterien bei der Verwertung eines Hausgrundstücks nach § 90 Abs. 2 Nr. 8 SGB XII zugrunde zu legen sind, hat sich das Bundessozialgericht in einer Entscheidung aus dem Jahr 2009 beschäftigt (Bundessozialgericht, Urteil vom 19. Mai 2009, Az. B 8 SO 7/08 R).

In diesem Fall wurde ein Zweifamilienhaus von einem Ehepaar mit zwei Kindern im Untergeschoss bewohnt. Im Obergeschoss wohnten die Großeltern, denen ein grundbuchrechtlich gesichertes Wohnrecht eingeräumt wurde. Mit Rücksicht auf das Wohnrecht sei nach Auffassung des Klägers das Hausgrundstück nicht verwertbar und deshalb als geschontes Vermögen anzuerkennen.

Das Bundessozialgericht hat hierzu entschieden, dass es nicht ausreiche, sich im Rahmen der Prüfung der Angemessenheit des Hausgrundstücks nur mit der Wohnraum- und Grundstücksgröße zu befassen. Vielmehr komme es im Sinne der vom Bundesverwaltungsgericht entwickelten »Kombinationstheorie« auf alle im Gesetz genannten Angemessenheitsfaktoren an. Ist somit (nur) ein einzelnes Kriterium unangemessen, führt dies nicht automatisch zur Unangemessenheit des Hausgrundstücks. Zwar folgt das Bundessozialgericht der Obergrenze bei der Wohnungsgröße von 130 qm für einen 4-Personen-Haushalt. Es billigt zusätzlich 20 qm für jede weitere Person. Nach den Umständen des Einzelfalles komme sogar eine Anpassung nach oben in Betracht. Eine Überschreitung der Obergrenze um nicht mehr als 10 Prozent sei mit Rücksicht auf den Verhältnismäßigkeitsgrundsatz noch als angemessen anzusehen. Bei freistehenden Häusern bzw. bei Häusern im ländlichen Raum könne sogar der Grenzwert von 500 qm überschritten werden, wenn sich die Größe des Grundstücks im Rahmen der örtlichen Gegebenheiten bewege und die Anzahl der Bewohner solches rechtfertige.

Bei einer dinglichen Belastung des Grundstücks – wie hier dem eingetragenen Wohnrecht – könne die Verwertbarkeit durch Verkauf nicht einfach unterstellt werden. Gerade in diesen Fällen komme es auf die faktische Verwertbarkeit an und die Möglichkeit der Verwertung müsse sich in einem zeitlich vorhersehbaren Rahmen bewegen.

XVI. Verfahrensrecht

Für die Durchführung des Verwaltungsverfahrens sind die BAföG-Ämter zuständig. Beim Schülerbafög sind dies die Sozialbehörden der Städte und Gemeinden am Wohnsitz der Eltern des Auszubildenden. Bei den Hochschulen und Universitäten sind es in der Regel die Studentenwerke, in Rheinland-Pfalz übernehmen die Universitäten diese Aufgabe selbst. Für die Rückzahlung der BAföG-Darlehen ist das Bundesverwaltungsamt in Köln zuständig.

Soweit ein Widerspruchsverfahren gegen belastende Entscheidungen (Verwaltungsakte bzw. Bescheide) der BAföG-Ämter vorgesehen ist entscheidet entweder das BAföG-Amt selbst über den Widerspruch oder die übergeordnete Behörde. Das Widerspruchsverfahren und die Zuständigkeiten sind in den einzelnen Bundesländern unterschiedlich ausgestaltet. In Nordrhein-Westfalen gibt es keine Widerspruchsmöglichkeit gegen Verwaltungsakte beim Schüler-BAföG; die von den Ämtern für Ausbildungsförderung bei den Kreisen und kreisfreien Städten ergangenen Bescheide sind daher nur über die Klage bei den Verwaltungsgerichten überprüfbar. Gegen die Entscheidungen der Ämter für Ausbildungsförderung bei den Studentenwerken ist der Widerspruch indes möglich. Das BAföG-Amt entscheidet in eigener Zuständigkeit über den Widerspruch.

In Bayern wiederum hat der Betroffene die Wahl, ob er gegen die Entscheidung des BAföG-Amtes Widerspruch einlegen oder unmittelbar Klage erheben will. In Baden-Württemberg wiederum ist die vorherige Durchführung des Widerspruchverfahrens erforderlich, bevor überhaupt Klage beim Verwaltungsgericht erhoben werden kann.

Der Widerspruch gegen einen ablehnenden bzw. belastenden BAföG-Bescheid ist innerhalb eines Monats nach seiner Bekanntgabe schriftlich bei demjenigen BAföG-Amt einzulegen, das den Bescheid erlassen hat.

1. Beratungshilfe

Sollte ein Auszubildender aufgrund seiner wirtschaftlichen Verhältnisse nicht in der Lage sein, die Kosten für die Beauftragung eines Rechtsanwaltes außerhalb eines gerichtlichen Verfahrens zur Vertretung seiner Angelegenheit gegen das BAföG-Amt aus eigenen Mitteln aufzubringen, gibt es nach dem Beratungshilfegesetz die Möglichkeit, Beratungshilfe in Anspruch zu nehmen. Entgegen des eigentlichen Wortlauts wird Beratungshilfe nicht bloß für die rechtsberatende Tätigkeit des Anwalts gewährt, sondern auch für die Vertretung des Berechtigten durch einen Anwalt seiner Wahl. Der Anwalt darf den Auftrag nur aus wichtigem Grund ablehnen, obgleich die aus der Staatskasse gewährte Vergütung für Beratungshilfe deutlich unterhalb der gesetzlichen Gebühren oder der sonst üblichen Vergütung für Rechtsanwälte liegt.

Beratungshilfe wird auf Antrag von der Rechtsantragsstelle des am Wohnort befindlichen Amtsgerichts gewährt. Das Formular für den Antrag auf Beratungshilfe kann aus dem Internet heruntergeladen werden. Der Rechtspfleger stellt nach der Prüfung des Antrages einen sogenannten Berechtigungsschein aus, mit dem ein beliebiger Rechtsanwalt aufgesucht werden kann.

Dem Antrag sind folgende Unterlagen unbedingt beizufügen: Eine Kopie des Personalausweises und aktuelle Unterlagen über das Einkommen (Lohn- oder Gehaltsabrechnung, Steuerbescheid, BAföG-Bescheid, Arbeitslosengeld oder Arbeitslosenhilfebescheid und Sozialhilfebescheid), Unterlagen über besondere Belastungen (Mietvertrag, Pfändungen, Ratenzahlungen, Darlehen und sonstige Verbindlichkeiten).

Die Vermögensverhältnisse (Sparbücher und andere Geldanlagen sowie Sachwerte und Kraftfahrzeuge) sind ebenfalls nachzuweisen. In jedem Fall sollten die aktuellen Kontoauszüge des laufenden Monats mitgebracht werden.

Der Rechtsanwalt kann für die Mandatsbearbeitung vom Berechtigten eine Gebühr in Höhe von 10 Euro brutto, also inklusive Umsatzsteuer verlangen. Darüber hinausgehende Vergütungsvereinbarungen sind unzulässig.

2. Klage beim Verwaltungsgericht

Eine Klage muss innerhalb eines Monats nach Bekanntgabe des Widerspruchsbescheides bzw. nach der Bekanntgabe des BAföG-Bescheids erhoben werden, sofern die vorherige Durchführung des Widerspruchsverfahrens nicht erforderlich oder nicht vorgesehen ist. Die Einlegung von Widerspruch und Klage per E-Mail ist unzulässig. Bei Verfahren vor den Verwaltungsgerichten gibt es keinen Anwaltszwang, gleichwohl ist es in den zumeist tatsächlich oder rechtlich schwierig gelagerten Fallgestaltungen ratsam, einen Rechtsanwalt mit der Prozessführung zu beauftragen.

Unrichtige Feststellungs-, Rückforderungs- und Zinsbescheide des Bundesverwaltungsamtes können ebenfalls mit Widerspruch und Klage zum Verwaltungsgericht angefochten werden.

Die Vertretung durch einen Rechtsanwalt ist erst im Berufungsverfahren bzw. im auf die Zulassung der Berufung gerichteten Verfahren vor den Verwaltungsgerichtshöfen bzw. Oberverwaltungsgerichten der Länder zwingend vorgeschrieben. Anwaltszwang gilt selbstverständlich auch im Revisionsverfahren beim Bundesverwaltungsgericht.

3. Prozesskostenhilfe

Die Wahrnehmung eigener Rechte soll indes nicht aus finanziellen Gründen scheitern. Um auch bei geringem Einkommen den Zugang zu Rechtsberatung und Gerichten zu ermöglichen, kann für die Vertretung im gerichtlichen Verfahren Prozesskostenhilfe beansprucht werden, wenn die Voraussetzungen hierfür vorliegen. In Berufungs- oder Revisionsverfahren ist dem Kläger sogar ein Rechtsanwalt beizuordnen, da dort Anwaltszwang besteht.

Prozesskostenhilfe wird nicht gewährt, wenn eine Rechtsschutzversicherung die Kosten des Prozesses übernehmen muss. Im Zweifelsfall sollte man daher bei der Versicherung vorab anfragen, ob Versicherungsschutz für die verwaltungsgerichtliche Auseinandersetzung eingeräumt wird, sofern man eine Rechtsschutzversicherung abgeschlossen hat.

Der Antrag auf Prozesskostenhilfe wird bei dem Gericht gestellt, bei welchem der Prozess geführt wird (Prozessgericht). Der Antrag kann auch von einem Anwalt eingereicht werden.

Dem Antrag sind die Unterlagen über die persönlichen und wirtschaftlichen Verhältnisse des Antragsstellers vollständig beizufügen. Dieses sind im Wesentlichen die gleichen Unterlagen wie beim Antrag auf Beratungshilfe.

Prozesskostenhilfe wird im Gegensatz zur Beratungshilfe jedoch nur gewährt, wenn die beabsichtigte Rechtsverfolgung Aussicht auf Erfolg hat und nicht mutwillig erscheint. Die Gerichte führen folglich vorab eine Schlüssigkeitsprüfung durch, ob das Begehren rechtlich aussichtsreich erscheint, wenn man den Sachvortrag und den bisherigen Akteninhalt der Prüfung zu Grunde legt. Hat die Sache nach Auffassung der Richter keine Aussicht auf Erfolg, wird Prozesskostenhilfe nicht bewilligt. Der Kläger kann in solchem Fall das Verfahren dann entweder auf eigenes Risiko und eigene Kosten führen oder die Klage zurücknehmen.

Fall 11: Prozesskostenhilfe im einstweiligen Rechtsschutz

In diesem Fall hatte das BAföG-Amt die weitere Gewährung von Ausbildungsförderung mit der Begründung abgelehnt, die Auszubildende habe bereits die Regelstudienzeit ihres Studienganges und damit die Förderungshöchstdauer erreicht. Eine Verlängerung der Förderungshöchstdauer nach § 15 Abs. 3 BAföG sei nicht möglich.

Gegen den ablehnenden Bescheid hat die Auszubildende zunächst Widerspruch eingelegt, welcher erfolglos blieb und anschließend Klage zum Verwaltungsgericht München erhoben mit der Begründung, die Voraussetzungen zur Verlängerung der Förderungshöchstdauer lägen entgegen der Auffassung des BAföG-Amtes vor.

Außerdem hat sie Antrag auf Erlass einer einstweiligen Anordnung nach § 123 VwGO gestellt, da sie keine Ausbildungsförderung mehr erhalte und daher der Lebensunterhalt nicht gesichert sei. Andere Einnahmequellen oder Finanzierungsmöglichkeiten seien nicht vorhanden. Sie erhalte weder Hilfe zum Lebensunterhalt noch Leistungen nach Hartz IV.

Das Verwaltungsgericht München hat den Antrag auf Erlass der auf Zahlung gerichteten Anordnung im einstweiligen Rechtsschutz abgelehnt und die Entscheidung damit begründet, die Antragstellerin habe die Notwendigkeit der vorläufigen Regelung, den sogenannten Anordnungsgrund nicht glaubhaft gemacht.

Bei einem Antrag, der auf die vorläufige Gewährung von Ausbildungsförderung gerichtet ist, ergibt sich die Eilbedürftigkeit nicht schon aus der Natur der Sache, sodass diejenigen Umstände, welche sie begründen, von der Antragstellerin gar nicht mehr glaubhaft zu machen wären. Dies gelte insbesondere deshalb, da mit dem Erlass einer zu Geldleistungen verpflichtenden einstweiligen Anordnung Regelungen getroffen werden, die später nicht oder nur erschwert wieder rückgängig gemacht werden können, sodass insoweit eine tatsächliche Vorwegnahme der Hauptsache stattfindet. Da eine Vorwegnahme der Hauptsache im Wege des vorläufigen Rechtsschutzes grundsätzlich ausgeschlossen ist und nur ausnahmsweise erfolgen kann, muss die begehrte Leistung gewissermaßen lebensnotwendig sein. Dies sei nicht der Fall, wenn das Existenzminimum gesichert ist.

Vor diesem Hintergrund seien ein Vortrag der Antragstellerin im Hinblick auf die unbedingte Notwendigkeit der vorläufigen Gewährung der Förderung und die Glaubhaftmachung der diesbezüglichen Behauptungen unerlässlich (Verwaltungsgericht München, Beschluss vom 13.11.2009, Az. M 15 E 09.4985).

Die vorläufige Gewährung von Ausbildungsförderung sei jedenfalls dann nicht unbedingt notwendig, wenn zuvor nicht versucht worden sei, gemäß § 7 Abs. 5 S. 2 SGB II Leistungen zur Sicherung des Lebensunterhaltes als Darlehen zu beantragen oder Sozialhilfe gemäß § 22 Abs. 1 S. 2 SGB XII zu erhalten oder einen sonstigen Bildungskredit, gegebenenfalls ohne Beibringung von Sicherheiten (Verwaltungsgericht München, a.a.O.).

Diese Rechtsauffassung des Verwaltungsgerichts München ist abzulehnen. Denn bei den zitierten Vorschriften aus dem Rechtsgebiet der Hilfe zum Lebensunterhalt bzw. Sozialhilfe handelt es sich um Härtefallregelungen, welche die Entscheidung, ob und ggf. in welcher Höhe der Antragsteller Leistungen erhält, in das Ermessen der Behörde stellen, während der Antragsteller einen Rechtsanspruch nach dem BAföG auf die ihm der Art (Zuschuss / Darlehen) und Höhe nach bestimmte Ausbildungsförderung geltend macht. Macht der Antragsteller diesen sogenannten Anordnungsanspruch glaubhaft, darf er bei der Prüfung der Voraussetzung, ob die vorläufige Gewährung von Ausbildungsförderung notwendig ist, nicht auf die insoweit nachrangigen Härtevorschriften der Arbeitslosenhilfe bzw. Sozialhilfe verwiesen werden.

4. Rücknahme von Bescheiden und Vertrauensschutz:

Eine Rückzahlungsverpflichtung des Auszubildenden ist gemäß §20 BAföG in zwei Fällen vorgesehen. Erstens, soweit dessen Einkommen bei der Bewilligung der Ausbildungsförderung nicht berücksichtigt worden ist und zweitens, falls die Ausbildungsförderung unter dem Vorbehalt der Rückforderung geleistet wurde. Dies geschieht regelmäßig, wenn ein Antrag auf Aktualisierung des anrechenbaren Einkommens der Eltern gestellt worden ist.

Die Besonderheit der Vorschrift liegt darin, dass bei einer hierauf gestützten Rückforderung kein Vertrauensschutz gewährt wird. Folglich ist es unerheblich, ob der Auszubildende die unzutreffende Ermittlung seines Einkommens zu vertreten hat. Der Förderungsbescheid unterliegt somit in Bezug auf das Einkommen des Auszubildenden stets dem Vorbehalt der Rückforderung.

Soweit Ausbildungsförderung also aufgrund eines gestellten Aktualisierungsantrages unter dem Vorbehalt der Rückforderung bewilligt wurde, gibt es für das BAföG-Amt bei der Entscheidung über die Rückforderung kein Ermessen und keinen Vertrauensschutz für den Auszubildenden. Die Aufhebung setzt jedoch voraus, dass der Vorbehalt zu Recht erfolgte.

Eine Rückzahlungsverpflichtung des Auszubildenden besteht gemäß §45 SGB X darüber hinaus, wenn Ausbildungsförderung von Anfang an zu Unrecht bewilligt worden ist, insbesondere infolge unrichtiger Angaben des Auszubildenden. Stützt das BAföG-Amt die Rückforderungsentscheidung auf diese Vorschrift, ist das Vertrauen des Auszubildenden auf die Richtigkeit des ursprünglichen

Förderungsbescheides grundsätzlich schutzwürdig. Nicht geschützt wird das Vertrauen, wenn der Auszubildende die Förderung durch arglistige Täuschung, Drohung oder Bestechung erwirkt hat, oder die Förderung auf Angaben beruht, die der Auszubildende vorsätzlich – also bewusst und gewollt – oder zumindest grob fahrlässig unrichtig oder unvollständig gemacht hat. Das Gleiche gilt, falls der Auszubildende die Rechtswidrigkeit des Bewilligungsbescheides kannte oder die Unkenntnis auf grober Fahrlässigkeit beruhte. Das BAföG-Amt muss die Bösgläubigkeit beweisen, anderenfalls wird zugunsten des Auszubildenden vermutet, das Vertrauen sei schutzwürdig.

Muss der Auszubildende Zweifel an der Rechtmäßigkeit des Bescheides haben, weil sich ihm die Fehlerhaftigkeit aus dem Inhalt des Bescheides aufdrängt, so ist der Auszubildende verpflichtet, dem nachzugehen und Erkundigungen beim BAföG-Amt oder anderer sachkundiger Stelle, beispielsweise bei einem Rechtsanwalt, einzuholen. Wird dies unterlassen, handelt er grob fahrlässig. Die Bösgläubigkeit muss im Zeitpunkt der Bekanntgabe des früheren, zurückzunehmenden Bescheides vorgelegen haben. Durfte der Auszubildende bei Erlass des Förderungsbescheides auf dessen Bestand Vertrauen, kann dieses Vertrauen nicht nachträglich beseitigt werden, insbesondere nicht aufgrund späterer Kenntniserlangung durch das BAföG-Amt im Wege eines Anhörungsschreibens (Ramsauer/Stallbaum/Sternal, BAföG 2005, Anhang § 20 Rn. 9).

Grob fahrlässiges Verhalten im Sinne dieser Vorschrift ist anzunehmen, wenn der Auszubildende die erforderliche Sorgfalt in besonders schwerem Maße verletzt. Dabei ist im Unterschied zur einfachen fahrlässigen Sorgfaltspflichtverletzung kein ausschließlich objektiver Maßstab anzulegen, sondern auf die individuellen Besonderheiten beim Auszubildenden Rücksicht zu nehmen, also auf seine Fähigkeiten und Möglichkeiten, einen Fehler zu erkennen (Ramsauer / Stallbaum / Sternal, BAföG 2005, Anhang § 20 Rn. 4).

Demnach handelt ein Auszubildender grob fahrlässig, wenn er unrichtige oder unvollständige Angaben macht, obwohl er erkennen konnte, dass die von ihm mitgeteilten Angaben unrichtig bzw. unvollständig waren. Dies ist regelmäßig zu verneinen, wenn die unrichtigen bzw. unvollständigen Angaben auf unklaren formularmäßigen Fragen beruhen. Die in der Vergangenheit aufgetretenen Unzulänglichkeiten bei den Abfragen in den von den Bafögämtern verwendeten Form- und Merkblättern haben bereits zu zahlreichen Änderungen und Ergänzungen geführt. Die Änderung der Rechtsprechung zur Anrechnung von Kraftfahrzeugen wird voraussichtlich zu einer weiteren Ergänzung der Hinweise in Formblatt 1 führen.

Fall 12: Übertragung eines Sparbuches auf den Großvater kurz vor Antragstellung

In diesem Fall aus dem Jahr 2001, welcher dem VGH Baden-Württemberg im Jahr 2009 zur Entscheidung vorlag, hatte die Auszubildende den BAföG-Antrag am 5.9.2001 gestellt. Sie hatte kurz zuvor am 21.8.2001 ein Sparkonto aufgelöst und das Guthaben in Höhe von etwa 11.000 Euro noch an dem selben Tag auf ein Sparkonto ihres Großvaters überwiesen (VGH Bad.-Württ., Urteil v. 29.4.2009, Az. 12 S 2493 / 06, Rn. 2,3).

Der VGH hat in diesem Rechtsstreit entschieden, ein Auszubildender könne sich selbst dann auf fahrlässiges

Verhalten und mithin schutzwürdiges Vertrauen berufen, wenn er kurz vor der Antragstellung Teile seines Vermögens ohne rechtliche Verpflichtung auf Angehörige übertragen hat. Zur Begründung hat der VGH hierzu ausgeführt, die Auszubildende habe entsprechend dem Wortlaut der seinerzeit verwendeten Formblätter das im Zeitpunkt der Antragstellung am 5.9.2001 vorhandene Vermögen wahrheitsgemäß angegeben. Zudem habe die Auszubildende sich aus laienhafter Sicht dazu verpflichtet sehen dürfen, das fragliche Sparguthaben auf den Großvater zu übertragen. Der VGH hat dabei zugunsten der jungen Auszubildenden, sie war bei Antragstellung 20 Jahre alt, vom individuellen Verständnishorizont ausgehend unterstellt, sie habe sich einer familiären Verpflichtung ausgesetzt gesehen, die zwar unbestimmt sei. Das Gericht habe indes keine Anhaltspunkte dafür erkennen können, dass die Auszubildende von einer ihrem Großvater nicht zustehenden Rückübetragung des Sparguthabens ausgegangen sei (VGH Bad.-Württ., a.a.O. Rn. 41). Aus diesen Gründen könne der Auszubildenden jedenfalls keine grobe Fahrlässigkeit angelastet werden, auch wenn die Übertragung des Sparguthabens am 21.8.2001 als rechtsmissbräuchlich angesehen werden müsste. Diese Frage hat das Gericht in vorliegendem Urteil allerdings offengelassen.

Dieses Urteil wird indes nur noch für Altfälle bedeutsam sein, da die BAföG-Ämter inzwischen auf die Mitteilungspflicht für kurz vor Antragstellung vorgenommene Vermögensverfüngen in den Merkblättern zu Formblatt 1 hinweisen. Dabei sind regelmäßig erhebliche Barabhebungen und Überweisungen samt Verwendungszweck im Zeitraum von sechs bis zwölf Monaten vor Antragstellung anzugeben, damit das BAföG-Amt in der Lage ist zu prüfen, ob Verwendungen bzw. Übetragungen von Vermögensteilen rechtmissbräuchlich erfolgt sind oder nicht.

5. Berücksichtigung von Änderungen zugunsten des Auszubildenden

Kommt es vor, dass sich ein für die Höhe der Förderung relevanter Umstand nach der Antragsstellung zugunsten des Auszubildenden ändert, so ist die Abänderung des Förderungsbescheides seit Eintritt der Änderung grundsätzlich möglich. Die rückwirkende Abänderung ist indes längstens für die Dauer von vier Monaten möglich, einschließlich des Monats, in dem die Änderung dem BAföG-Amt mitgeteilt wurde. Die veränderten Umstände sollten daher dem BAföG-Amt sofort mitgeteilt werden, damit die Änderung des BAföG-Bescheids noch rechtzeitig erfolgen kann.

Ändern sich maßgebende Umstände nach dem Erlass des Förderungsbescheides zuungunsten des Auszubildenden, so wird der Bescheid vom Beginn des Monats an geändert, der auf den Eintritt der Änderung folgt. Dabei wird bei rückwirkenden Änderungen nur eingeschränkter Vertrauensschutz gewährt und zwar nur für solche Sachverhalte, bei denen die Änderung nicht mit gewisser Wahrscheinlichkeit vorhersehbar war, sprich der Auszubildende mit dem Eintritt der Änderung der Umstände rechnen konnte.

6. Verjährung

Der Anspruch der Staatskasse auf Rückzahlung zu Unrecht erbrachter Leistungen unterliegt der Verjährung. Der Erstattungsanspruch verjährt gemäß § 50 Abs. 4 SGB X in vier Jahren nach Ablauf des Kalenderjahres, in dem der Rückforderungsbescheid bestandskräftig geworden ist. Dabei gelten die Vorschriften des BGB über die Hemmung und den Neubeginn der Verjährung entsprechend.

Hat das BAföG-Amt von Tatsachen Kenntnis, die zu einer Rücknahme des BAföG-Bescheids berechtigen, so muss das Amt den Rücknahmebescheid innerhalb eines Jahres erlassen. Die Frist beginnt zu laufen, wenn die zur Zurücknahme berechtigenden Tatsachen aktenkundig geworden sind und darüber hinaus der zuständige Sachbearbeiter die Rechtswidrigkeit und die Möglichkeit einer Rücknahme für die Vergangenheit nach § 45 SGB X erkennen konnte. Dazu gehören alle Umstände, aus denen sich das vorsätzliche oder grob fahrlässige Handeln ergibt, und die für eine sachgerechte Ermessensausübung erforderlichen Gesichtspunkte. Fehler des BAföG-Amtes bei der Rechtsanwendung gehen nicht zu Lasten des Auszubildenden. Die Jahresfrist ist folglich eine reine Überlegungs-, aber keine Aufklärungsfrist für das BAföG-Amt. Die Beweislast hinsichtlich des Fristablaufs trägt übrigens die Behörde (Ramsauer/Stallbaum/Sternal, BAföG 2005, Anhang § 20, Rn. 19)

Die Höchstfrist für die Rücknahme ergibt sich aus § 45 Abs. 3 Satz 3 BAföG. Danach darf ein Förderungsbescheid äußerstenfalls bis zum Ablauf von zehn Jahren nach seiner Bekanntgabe zurückgenommen werden.

Zwei Ausnahmen von der Unverjährbarkeit sind in § 20 BAföG geregelt. Danach kann geleistete Ausbildungsförderung jederzeit für die Vergangenheit zurückgefordert werden, wenn sie unter dem Vorbehalt der Rückforderung geleistet worden ist. Wurde Antrag auf Aktualisierung des Einkommens der Eltern gestellt, ist dies regelmäßig der Fall. Die Rückforderung ist ferner jederzeit möglich, wenn der Auszubildende im Bewilligungszeitraum Einkommen erzielt hat, welches nicht berücksichtigt worden ist. Dies gilt sowohl für Änderungen beim Einkommen, die erst während des Bewilligungszeitraumes eingetreten sind, als auch für die Fälle, in denen gleich aus welchem Grund von Anfang an ein zu niedriges Einkommen des Auszubildenden angesetzt worden ist. Ob der Auszubildende den fehlenden Ansatz zu vertreten hat, ist dabei unerheblich. Folglich gewährt § 20 BAföG keinerlei Vertrauensschutz (s. o. bereits unter 4.).

Bei der Frage der Verjährbarkeit des Anspruchs auf Rückzahlung des Darlehens nach § 18 BAföG ist zu unterscheiden zwischen der Verjährung bestandskräftig festgesetzter Rückzahlungansprüche und dem Recht des Bundesverwaltungsamtes, einen Rückzahlungsbescheid zu erlassen. Erstere verjähren gemäß § 52 Abs. 2 SGB X erst nach Ablauf von 30 Jahren, letzteres verjährt innerhalb von drei Jahren, beginnend mit dem Ende des Jahres, in dem der jeweilige Anspruch auf Rückzahlung der Darlehensrate oder Zinsrate entstanden ist. Das Recht zum Erlass des Feststellungsbescheides ist indes nicht verjährbar.

Die strafrechtliche Verjährung des sogenannten BAföG-Betrugs richtet sich nach § 78 StGB. Danach verjährt ein Betrug nach Ablauf von fünf Jahren seit Begehung der Tat, da § 263 StGB im Höchstmaß eine Freiheitsstrafe bis zu fünf Jahren vorsieht. Zu beachten ist dabei, dass jeder Bewilligungszeitraum, in welchem zu Unrecht Förderung erschlichen worden ist, als eine Tat angesehen wird. Die Tat verjährt daher fünf Jahre nach dem letzten Tag des jeweiligen Bewilligungszeitraumes, für den eine Rückforderung erfolgte.

7. Vorstrafen, Einträge im Bundeszentralregister und im Führungszeugnis

In das Bundeszentralregister werden alle strafgerichtlichen Verurteilungen eingetragen. Hierzu zählen alle Verurteilungen zu Geld- und Freiheitsstrafen, die Verwarnung mit Strafvorbehalt sowie Schuldsprüche gegenüber Jugendlichen und Heranwachsenden.

Im Unterschied zum polizeilichen Führungszeugnis dürfen Eintragungen im Register nur an wenige, im Gesetz ausdrücklich benannte Stellen bekannt gegeben werden. Dabei handelt es sich insbesondere um die Gerichte, Staatsanwaltschaften und Justizvollzugsanstalten. Daneben erhalten die obersten Bundes- und Landesbehörden, mit anderen Worten die Ministerien, Auskunft. Dieses ist entscheidend für solche Betroffenen, die sich für den Staatsdienst bewerben (Beamte, Richter). Das Gleiche gilt für die Rechtsanwalts- und Patentanwaltskammern für die Entscheidung im Zulassungsverfahren. Ausländer- und Einbürgerungsbehörden erhalten ebenso Kenntnis von den Registereintragungen. Daneben haben noch weitere Behörden ein Auskunftsrecht, soweit sie für die Erteilung von Jagd- oder Waffenscheinen zuständig sind oder für die Überwachung der Zuverlässigkeit von Flugpiloten.

Eintragungen im Bundeszentralregister werden bei Verurteilungen zu Geldstrafen von nicht mehr als 90 Tagessätzen und bei Freiheitsstrafen von nicht mehr als drei Monaten nach Ablauf von fünf Jahren seit dem Gerichtsurteil gelöscht, soweit keine weiteren Strafen eingetragen sind.

Bei Geldstrafen von mehr als 90 Tagessätzen oder Freiheitsstrafe von mehr als drei Monaten bis zu einem Jahr mit Bewährung beträgt die Tilgungsfrist zehn Jahre, in den übrigen Fällen 15 Jahre, was Verurteilungen wegen Betruges angeht. Solange die Vollstreckung der Strafe noch nicht erledigt ist, also eine Geldstrafe noch nicht vollständig bezahlt oder die Bewährungs- bzw. Reststrafe noch nicht erlassen ist, läuft die Tilgungsfrist nicht ab.

Nur bestimmte Eintragungen im Bundeszentralregister werden außerdem noch in das polizeiliche Führungszeugnis aufgenommen. Im hier interessierenden Bereich des sogenannten BAföG-Betruges handelt es sich dabei besonders um Verurteilungen, durch die auf Geldstrafe von mehr als 90 Tagessätzen oder auf Freiheitsstrafe vom mehr als drei Monaten erkannt worden ist. Ist der Betroffene bereits wegen einer anderen Tat vorbestraft, wird die spätere Verurteilung in das Führungszeugnis aufgenommen, selbst wenn lediglich auf eine Geldstrafe von bis zu 90 Tagessätzen oder Freiheitsstrafe bis zu drei Monaten erkannt wurde. Nach Ablauf einer Frist von drei Jahren beginnend mit dem Tag des Gerichtsurteils wird die Verurteilung wegen einer Geldstrafe oder einer Freiheitsstrafe von bis zu drei Monaten nicht mehr in das Führungszeugnis aufgenommen. Liegen mehrere Verurteilungen vor, so sind alle in das Führungszeugnis aufzunehmen, solange auch nur eine von ihnen in das Führungzeugnis aufzunehmen ist.

Stichwortverzeichnis